KB037585

생명감수성 쫌 아는 10대

작은 존재도 소중하게,
생명을 존중하는 마음

사회
쫌 아는
십대
19

생명
감수성
쫌 아는
10대

김성호 글 | 서와 그림

풀빛

모든 생명과 함께 살아가려면

나의 삶은 생명과 관련하여 특별했어. 초등학교, 중학교, 그리고 고등학교까지도 방학을 시골 외가에서 자연이 품은 생명과 벗하며 지냈거든. 동물은 친구였고, 식물은 고마운 존재였어. 대학교 4년, 대학원 5년간 생물학을 공부했는데, 생명을 바라보는 눈이 넓어지는 계기가 된 고마운 시간이었지.

대학원 과정을 마친 뒤로는 생물학과 교수가 되었어. 학교가 멋진 산과 맑은 강 가까이에 있던 터라 자연에 깃들인 생명을 직접 만나는 일에 다시 마음을 쏟게 되었지. 어린 시절과 차이가 있다면 저들의 삶과 더불어 나의 삶도 함께 돌아보는 정도가 더 깊어졌다고 할 수 있겠네.

싫어하고 무서워하는 생명에 대해 좋은 감정을 지니긴 힘들어. 강아지가 싫고 무서우며, 고양이도 싫고 무서운데 어찌 강아지와

고양이에게 좋은 느낌을 가질 수 있겠어. 새싹이 돋듯 생명에 대한 좋은 마음이 돋으려면 우선 생명과의 만남이 있어야 해. 내게 생명에 대한 좋은 감성이 있다면 그 바탕은 어린 시절 수많은 생명과 만날 기회가 있었기 때문일 거야. 우리에게 친구가 생기고 그 친구와 정이 깊어지는 과정과 다르지 않아.

물론 만남의 기회가 있다고 하여 만나는 모든 생명을 같은 마음으로 사랑하기는 힘들어. 우리가 모든 이와 친구가 되고, 또한 모든 이와 깊은 우정을 나눌 수 없는 것과 같아. 세계적으로 생명을 대하는 태도가 뛰어나다고 평가받는 분들 또한 특정 생명체를 더 깊이 사랑하는 경우가 많았거든. 파브르는 미친 사람 취급을 받을 만큼 곤충을 사랑했고, 멘델은 완두의 떡잎부터 줄기·잎·꽃·꼬투리·열매 하나하나를 사랑했으며, 석주명은 우리 땅의 나비를 죽는 순간까지 사랑했고, 마거릿 로우먼은 인간이 도저히 오를 수 없다고 여긴 높은 나무 꼭대기의 생명을 사랑했어. 제인 구달은 침팬지를 자신처럼, 아니 자신 이상으로 사랑했고 말이야.

나는 문을 나서면 바로 생명의 세계가 펼쳐지는 곳에서 오랜 시간 살았고, 또한 지금도 살고 있어. 생명을 어떤 마음으로 대하며 살 것인가의 문제와 관련하여서는 매우 고마운 환경이지. 그러면 나와 형편이 다른 우리 청소년 친구들은 어찌해야 생명을 제대로 보는 마음이나 태도를 키울 수 있을까? 대부분 다른 형편일 텐데 말이야. 하지만 걱정할 것 없어. 자연이 생각만큼 멀리 있지 않으니까. 집 가까운 곳에 숲이나 생태공원이 있을 거야. 그곳도 여전히 멀다고 생각한다면 학교의 정원, 집 주변의 화단도 좋아. 그 또한 자연이니까. 중요한 것은 '다가섬'이고 '지속성'이야.

자연이 품은 무엇에 잠시라도 다가서는 일을 날마다 이어간다면 변화를 알아차릴 수 있어. 어제와 오늘이 다르다는 것을 알게 될 거야. 어제와 오늘이 달랐으니 오늘과 내일도 다르겠지. 그 작은 변화에 가슴이 설레며 내일이 기다려지는 날이 올 거야. 그러다 보면 대상에 스며들기도 하고 빠져들기도 하겠지. 우리는 그것을 사랑이라고 말해. 생명을 품은 존재를 사랑하게 되는 것이 생명을 따뜻한 마음으로 바라보는 길이 아닐까 싶어.

눈치 챘니? 지금까지 사용한 낱말 중 감정, 느낌, 마음, 태도가 있었어. 이 낱말들을 하나로 묶으면 뭘까? 맞아, 감수성이야. 생명에 대한 감수성이니 생명감수성이지.

자, 이제 생명감수성의 세상에 제대로 들어서 볼까?

차례
......

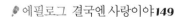

1장

생명감수성,
그게 뭐냐면…

생명감수성 속으로

소중한 존재들과의 만남

'생명감수성'이란 말을 들은 적 있니? 아마도 책이나 뉴스에서 들었을 거야. 하지만 그 의미가 무엇인지 또렷이 와닿지 않았을 수 있어. 알 듯도 하고 모를 듯도 할 거야. 사실, 알고 보면 어렵지 않아. 만약 어렵게 느껴지더라도 문제될 것은 없어. 하나씩 알아 가면 되니까.

주위를 한번 둘러보자. 뭐가 보이니? 그래, 우리 주위에는 다양한 생명체가 있단다. 우선 사람이 보이네. 더 둘러볼까? 풀, 나무, 메뚜기, 잠자리, 나비, 피라미, 청개구리, 자라, 참새, 고라니… 뭇 생명이 있어.

이들 생명체를 어떻게 느끼고(감,感) 받아들이면(수,受) 좋을지 생각해 보는 것이 '생명감수성'이야. 그래도 잘 와닿지 않는다고? 괜찮아, 그러면 지금부터 생명감수성에 대해 이런저런 이야기를 들려줘 볼게.

교실로 찾아든 생명

봄볕 따스한 어느 날이야. 교실 창문은 활짝 열려 있어. 선생님께서 칠판에 글씨를 쓰는 소리만 들릴 뿐 교실 안이 조용해. 그때 한 학생이 무엇을 보았어. "붕~ 부웅~" 벌 한 마리가 날아든 거야. 괴성 소리와 함께 교실은 한순간에 아수라장이 되고 말았어.

"벌이다!"

"뭐, 뭐, 벌?"

벌에 쏘이면 목숨을 잃을 수도 있어. 하지만 모든 벌이 그런 건 아니야. 사람을 쏘지 않거나 쏘더라도 별 탈 없는 경우도 많단다. 창문을 넘어 날아든 벌은 뒤영벌 수벌이었어. 뒤영벌 수벌은 아예

침이 없어서 쏘질 못해. 그래서 어린이를 위한 체험용 곤충으로 사용되는 벌이기도 해. 그 벌이 뒤영벌 수벌이라는 걸 아는 사람이 한 명이라도 있었다면 교실이 그렇게 아수라장이 되지는 않았을 거야.

두려움은 대상을 제대로 알지 못함에서 비롯할 때가 많은 것 같아. 침이 없다는 걸 알았다면, 위험하지 않다는 걸 알았다면 그 벌은 결국 누군가의 실내화 밑창에 맞아 몸이 터져 죽지 않아도 되었을 거야.

그런데 만약에 진짜 위협적인 땅벌이나 말벌이 교실로 들어왔다면 어떻게 해야 할까? 땅벌이나 말벌은 급하게 움직이는 대상을 공격해. 무섭다고 손을 내두르면서 뛰면 바로 공격 대상이 되는 셈이지. 그때는 손깍지를 껴서 목을 감싼 채 머리를 숙여 책상에 몸을 수그리고 가만히 있는 것이 최선이야.

일주일 뒤, 여전히 햇살이 좋은 날이야. 좋은 날씨가 이어졌어도 벌 사건 이후로 한동안 창문은 굳게 닫혀 있었어. 그러다 창문이 다시 열린 첫날이었지. 이번에는 둥지를 갓 떠난 듯 보이는 어린 직박구리가 푸드덕 날아들었어. 교실은 또다시 한순간에 아수라장이 되고 말았지. 결국 119로 신고 전화를 했고, 새를 포획하면서 상황은 수습되었어.

이런 생각을 해 본 적 있니? 새가 얼마나 겁이 많으면 날개까지 만들어 빨리 날려고 했을까? 놀라기로 따지면 누가 더 놀랐을까? 정작 놀란 것은 사람이 아니라 힘없는 어린 직박구리가 아니었을까? 직박구리는 100g, 청소년은 40kg 정도. 무게만 따지면 직박구리보다 400배가 크고 무거우니 말이야.

생명을 키워 내는 느티나무

동네에 100살은 너끈히 넘긴 듯 보이는 느티나무가 있어. 눈에 보이지 않고 느낄 수는 없지만 나무는 엄청난 산소를 뿜어 낼 거야. 내가 호흡하는 산소의 일부는 그 나무에서 비롯한 것일 테고, 지구를 달구는 이산화탄소도 꽤나 줄여 줄 거야.

그 나무는 더운 날엔 무척 시원한 그늘도 드리워 줘. 고맙기 그지없지만 그것이 끝이 아니야. 나무는 수동 6곳을 품고 있어. 수동은 나무 속에 생긴 빈 공간을 말해. 제법 나이든 나무에 생기지. 수동은 긴 세월 정해진 자리에서 사느라 생긴 상처이기도 하니까.

수동은 모진 바람 때문에 가지가 부러진 곳에 빗물이 닿아 썩어 들어가며 생기거나, 나무를 파내는 재주를 가진 딱따구리가 만들

기도 해. 순서대로 자연 수동, 딱따구리 수동
이라 부를게. 올해 1층 자연 수동에서는 찌
르레기 어린 새 6마리가 컸어. 2층 자연 수동
에서는 원앙 어린 새 15마리가 잘 부화하여
둥지를 떠났고, 3층 자연 수동에서는 하늘다람
쥐가 새끼 4마리를 키워 독립시켰지. 4층 자연 수
동에서는 찌르레기 어린 새 5마리가 컸어. 5층 아
주 작은 자연 수동에서는 참새가 어린 새 5마리를
키웠고, 마지막 6층 딱따구리 수동에서는
찌르레기 어린 새 6마리가 잘 커서 둥
지를 떠났지. 올해도 나이든 느티나
무는 41마리의 생명을 품어
낸 거야. 내가 지
켜본 것만 15년
째이며, 해마다 크게 다르지 않았어.
그런데 얼마 전, 그 나무가 베어
지는 일이 벌어졌지. 창고를 짓느라 베었다고 들
었어. 창고를 짓느라 그 나무를 꼭 베어야 했을까? 창고가 매년 40여 마리의 생명을 키워 내는 것보다 더 큰 무엇을 할 수 있을까? 그런데 오늘도 이런 생명을 키우는 나무들이 수없이 베어져 나가고 있어. 몰라서도 그렇고, 알고서도 그래.

물고기도 화상을 입는구나!

여름이면 학생들과 냇가에 사는 물고기를 관찰할 때가 많아. 물고기는 유인망 또는 족대를 이용하여 채집하지. 피라미, 갈겨니, 각시붕어, 칼납자루, 모래무지, 돌고기, 동사리… 채집한 물고기를 손으로 직접 잡고 싶어 하는 친구들이 많아. 그럴 만해. 신기하기도 하고 예쁘기도 하니까.

그런데 물고기를 손으로 잡으면 물고기가 화상을 입는다는 걸 아니? 여름철 하천의 수온은 약 23도(℃)야. 물고기는 환경에 따라 체온이 변하는 변온동물이니 체온 역시 약 23도겠지. 인간의 체온은 36.5도 정도니까 13.5도가 높아. 사람이 목욕할 때 뜨겁다고 느끼는 물의 온도는 개인차가 있지만 42도~46도야. 체온보다 5.5도 정도가 높으면 뜨겁다고 느끼는 것이지.

물고기도 다르지 않아. 13.5도나 높은 손으로 잡으면 물고기 또한 뜨거움을 넘어 고통을 느껴. 인간은 55도의 물에서 10초, 60도의 물에서는 5초의 접촉으로도 수포가 생기는 2도 화상을 입어. 그럼 채집한 물고기를 어떻게 수조로 옮기면 좋을까? 어렵지 않아. 뜰채로 떠서 옮기면 돼.

고라니는 얼마나 두려웠을까

자연을 사진 찍다 보면 많은 일이 벌어져. 그중 이러다 실명하는 것은 아닐까 싶은 순간이 있었어. 두 번이나. 처음에는 몰라서였고, 두 번째는 알고도 조금만, 조금만 더 하며 욕심을 내다 그랬지. 날아다니는 새가 해 앞을 지날 때의 느낌은 무척 감동적이거든. 떠오르는 해, 중천의 해, 지는 해 상관없이 언제나 좋아. 만나기 어려운 모습이기도 하고, 아름다우니까.

더군다나 그 새가 더없이 귀한 새라면 말할 것도 없지. 천상의 새라 불리는 두루미가 중천의 해를 향해 날아가는 순간이었어. 비행 궤도로 볼 때 해를 똑바로 지날 확률이 무척 높았지. 뷰파인더에서 눈을 떼지 못하고 궤적을 따라가며 셔터를 눌렀어.

두루미가 해와 가까워지고 있다는 것은 뷰파인더가 밝다 못해 하얗게 변하는 것으로 알아차릴 수 있었어. 그러다 잠시 뒤 두루미가 해의 중심을 지날 때, "앗!" 하는 비명소리가 절로 나오며 눈

에 엄청난 통증이 느껴졌어. 이글거리는 태양을 렌즈를 통해 직접 보는 것이 이런 것일 줄은 몰랐던 거야. 다행히 통증은 순간적이었지만 통증보다 더 깊고 아린 두려움이 몰려 왔어. 모든 것이 흰색일 뿐 아무것도 보이지 않는 거야. 한동안 꼼짝도 못하고 그대로 서 있어야 했어. 망원렌즈를 통해 해를 정면으로 보기 이전의 상태로 돌아오기까지 몇 분이 걸렸지.

그때 알았어. 밤길에 만난 고라니가 왜 내 차의 불빛을 받고는 바보처럼 그대로 서 있기만 했는지 말이야. 모든 것이 낮과 다름없이 잘 보이다 갑자기 아무것도 보이지 않았을 그 순간의 두려움이 얼마나 컸을지 말이야.

새들처럼 살아간다면

새들 중 집단 번식을 하는 종들이 있어. 충분한 거리를 두고 뚝뚝 떨어져 번식하지 않고 일정 공간에 여럿이 모여 새끼를 키우지. 이러면 정보를 공유할 수 있다는 장점이 있어. "어! 저쪽으로 갔던 옆집 아빠 새가 아주 좋은 먹이를 가져왔네. 나도 가 봐야지" 하는 식인 거야. 물론 좁은 공간에서 여럿이 새끼를 키우다 보면 때로 경쟁이 치열하기도 하지만 말이야.

15쌍의 찌르레기가 집단 번식을 하는 숲의 어느 날이야. 커다란 누룩뱀이 나무를 오르기 시작했어. 나무를 무척 잘 타는 뱀이지. 급할 것 없이 천천히 움직이지만 향하는 곳은 어린 새가 자라고 있는 둥지가 분명해. 둥지에서 자라는 생명의 가장 위협적인 천적이거든. 알이든 어린 새든 가리지 않지. 어린 새의 운명은 이대로 끝인가 싶었는데… 15쌍이니 30마리야. 눈은 60개. 어느 하나의 눈에는 뱀이 보이겠지. 무척 날카롭게 "뱀이다!" 하고 경계의 소리가 나니까 삽시간에 30마리가 다 모여드는 거야. 여기저기서 기습 공격도 하고. 모두 모여 목청껏 소리를 내니 관찰 중이던 내 귀도 좀 힘들 정도였어. 한 쌍은 뱀을 감당하기 어렵지만 30마리가 힘을 합하니 뱀 하나를 몰아내는 것은 일도 아니더라고. 모여 사는 모습은 다르지 않은데, 우리 인간의 모습은 어떻지?

새가 둥지를 지을 때 특별한 점이 몇 가지 있어. 더욱이 둥지를 지을 재료를 마련하는 방법은 무척 특별해. 이끼로 둥지를 지을 경우 한 곳에서 이끼를 가져오지 않아. 이끼로 둥지를 지으니까 둥지를 지을 곳 주변 중에 가장 가까운 곳에서 계속 가져오면 되잖아? 그런데 그리 하지 않는다는 거야. 여기서 조금, 저기서 조금, 그렇게 여러 곳에서 조금씩 아끼듯 가져와. 그러다 보면 시계 방향 또는 반시계 방향으로 한 바퀴를 도는 방식이 될 때가 많아. 한 곳의 자원을 고갈시키지 않는 거야.

시간이 흘러 어린 새를 키울 먹이를 구할 때도 마찬가지야. 어느 나무에 좋은 먹이가 있을 때도 그 나무로만 계속 가서 먹이를 잡아 결국 바닥이 나게 하지 않아. 좋은 먹이가 있는 나무를 여럿 찾아 놓은 뒤 그 여럿의 나무를 돌며 역시 조금씩 아끼며 취하지. 몸에 밴 행동 같아. 이런 습성이 없었다면 오래 전에 새 또한 멸종하지 않았을까 싶은 생각도 들어. 다양한 자원을 쓰며 살아가는 건 다르지 않은데, 우리의 모습은 또한 어떻지?

풀밭의 작은 생명들

여름 날, 먹구름이 까맣게 몰려오고 소나기가 한바탕 쏟아지고 나면 운동장 여기저기엔 물이 고여. 장맛비가 아니니까 소나기가 그치기 무섭게 햇살은 이미 따가운 터라, 고인 물이 머물 시간은 그리 길지 않아. 그런 곳에서 어떤 일이 벌어지는지 본 적 있니? 그래, 그동안 너무 바빠서 그런 곳에 눈길을 줄 만큼의 여유가 없었을지도 몰라.

잠시 후 잠자리가 모여들기 시작해. 그리고 안타까운 일이 벌어져. 잠자리가 꽁무니를 열심히 물에 담그며 알을 낳는 거야. 잠자리 눈에는 그 물이 금세 사라질 물로 보이지 않고 저수지나 적어도 제 알 정도는 받아 줄 웅덩이로 보이는 모양이야.

너라면 어떻게 할 것 같니? 이 모습을 보게 되었다면 말이야. 둘 중 하나겠지. 첫째, 그냥 지나친다. 둘째, "여기가 아니야. 더 멀리 가야 해. 더 멀리 날아 큰물로 가야 해!"를 외치면서 이리저리 뛰어다니며 잠자리를 쫓는다. 무엇이 최선일까?

또 다른 상황이야. 앞에 풀밭이 있어. 뛰어놀기 아주 좋은 풀밭이야. 실제로 많은 아이들이 뛰어놀고 있고. 그런데 자세히 보지 않아서 그렇지, 뛰어놀기 바빠서 그렇지, 아무도 몰라서 그렇지, 풀밭에는 그 차가운 겨울을 이겨 내고 피어난 예쁜 꽃들이 많아. 우리가 이름을 모를 뿐, 저마다 또렷이 이름도 다 있어. 이땐 어쩌면 좋을까?

그중엔 그냥 밟고 지나는 사람이 있어. 실제로 대부분의 사람이 그래. 그중엔 '미안해'를 반복하며 조심스럽게 걸음을 떼는 아이도 있어. 또 그중엔 아름다운 풀꽃을 차마 밟을 수 없어서 풀밭을 지나가지 못하고 그대로 서 있는 아이도 있겠지. 정말 어찌해야 하고, 실제로 어찌하면 좋을까?

지금까지 생명감수성이 무엇인지를 느낄 수 있는 사례 몇 가지를 소개했어. 앞으로 우리가 어떤 이야기를 하게 될지 알겠지? 자, 이제부터 생명감수성에 대한 구체적인 이야기로 들어가 보자. 우선 감수성부터 시작해 볼까?

생명감수성이란 뭘까?

'감수성'이라는 말은 대학 시절 처음 만났어. 1981년 1학기에 수강했던 미생물학 시간으로 기억하는데, 세균이 항생제에 의하여 죽거나 억제되는 정도를 항생제감수성이라고 부른다고 배웠지. 이러한 검사를 감수성 검사라고 하며, 특정 항생제에 의해 성장 저지 및 살균이 잘 되는 병원균을 통틀어 감수성균이라고 부른다는 내용이었어.

그러다 2000년대에 들어서면서부터 생물학 이외의 분야에서도 '감수성'이라는 표현이 많이 쓰이기 시작하더라고. 내가 학교에서 배워 알고 있던 것과 조금 다른 의미로 쓰이는 경우도 있었어. 감정과 비슷한 듯도 했고, 감성과 비슷한 느낌이기도 했지. 심지어 많이 다른 의미로 사용될 때도 있었어. 어찌되었든, 최근엔 다양한 낱말 뒤에 '감수성'이 붙는 걸 볼 수 있지.

감수성 홍수의 시대를 사는 만큼 '○○감수성'이라는 말을 자주 들을 거야. 인권감수성, 성인지감수성, 환경감수성, 생태감수성, 언어감수성, 다문화감수성… 감수성 앞에 놓이는 다양한 낱말엔 공통점이 하나 있어. 뭘까? 더없이 소중하지만 그 의미를 놓치고 살았던 것들이란 거야. 경제 성장에 눈이 멀어 미처 생각하지 못했거나 제대로 돌보지 못했던 논제들이지. 소중한 것들은 바로 눈앞에 있는데도 보이지 않을 때가 많아. 심지어 우리를 둘러싸고 있는데 느끼지 못하기도 하지. 예를 들어 공기처럼 말이야. 인권, 성, 환경, 생태, 생명 또한 다르지 않아.

감수성을 뜻하는 영어는 sensitivity 또는 susceptibility야. sensitivity의 형용사꼴은 sensitive로, 일반적인 뜻은 '민감한'이야. 그런가 하면 susceptibility의 형용사꼴은 susceptible이며, 일반적인 뜻은 '예민한'이지. 그러니 감수성은 무엇에 얼마나 민감 또는 예민한가의 문제가 되는 거야.

한자도 한번 볼까? 감수성을 한자로 쓰면 感受性이야. 느낄 감, 받을 수, 성품 성. 따라서 한자 그대로 풀이하면 감수성은 '느끼고 받아들이는 성질' 정도의 의미야. 사전에서는 감수성을 '외부 세계의 자극을 받아들이고 느끼는 성질'로 정의하고 있어. 일반적으로 감수성을 꾸미거나 서술하는 낱말로 가장 많이 쓰이는 것으로는 '풍부하다'와 '예민하다' 정도를 꼽을 수 있지. 개인적으로 '예민하다'는 '섬세하다'로 바꾸는 것이 좋겠다고 생각해. 예민한 감수성보다는 섬세한 감수성이 알맞은 표현이지 않을까?

종합해 볼 때 생명감수성은 '생명을 느끼고 받아들이는 마음' 정도로 뜻풀이를 하는 것이 좋겠어. 더 풀어 쓴다면 세상 그 어느 가치(먹을 것, 마실 것, 입을 것, 돈, 명예, 권력, 편안함, 편리함…)도 생명보다 위에 있을 수 없다는 생각이 바로 생명감수성이지 않을까 싶기도 해.

생명감수성은 결국 생명체를 어떤 마음으로 받아들이고 대하느냐의 문제야. 그러니 저마다 다를 수밖에 없어. 따라서 생명감수성을 말하며 모든 생명을 다 똑같이 좋아하라고 강요하지는 않을 거야. 그럴 수 없거든. 나도 모든 생명을 다 좋아하지는 못해. 무서워하는 것도 있고, 싫어하는 것마저 있어. 하지만 싫어한다고 마음대로, 함부로 대해도 된다는 것은 아니잖아. 생명감수성의 핵심은 바로 이 지점이라고 생각해.

자, 이제 우리 함께 생명감수성의 세계로 한 발 더 가까이 들어
서 볼까?

어디까지가
생명일까?

생물학이 말하는 생명

생명감수성의 대상은 생명이야. 그럼 이런 물음이 생길 거야. "생명은 무엇이지?" 생명에는 공통적인 특징이 있어. 지금부터 하나하나 설명해 볼게. 생명을 이해하는 데 도움이 될 거야.

첫째, 모든 생명체는 세포 또는 세포들로 이루어져 있어. '세포 또는 세포들'로 표현한 이유는 알겠지? 하나의 세포로 이루어진 생명체가 있고, 둘 이상의 세포로 이루어진 생명체가 있기 때문이야. 각각 단세포생명체, 다세포생명체라고 불러. 세포는 생명체의 구조적·기능적 단위인 셈이지.

둘째, 모든 생명체는 생장해. 생장은 세포의 크기와 부피가 커지는 것을 뜻해. 이때 비가역적인 생장이라는 표현을 쓰는데, 환경의 변화에 따라 이랬다저랬다 하지 않으며 지속적으로 생장한다는 의미야. 그러다 세포가 더 이상 클 수 없는 지점에 이르면 어떻게 될까? 맞아, 세포분열을 해.

셋째, 모든 생명체는 움직여. 동물은 움직임이 분명해. 걷고, 뛰고, 기고, 톡톡 튀고, 헤엄치고, 날고… 그럼 식물은? 식물은 움직이지 못한다고 생각하기 쉬운데, 아니야. 식물도 움직여. 무척 느리거나 그 움직임이 작을 뿐이지. 물론 동물들처럼 공간 이동을 자유롭게 할 수는 없어. 공간 이동과 움직임은 다른 개념이야.

넷째, 모든 생명체에서는 물질대사가 일어나. 물질대사는 세포에서 일어나는 화학 반응을 통틀어 일컫는 거야. 세포에서 일어나는 화학 반응은 크게 둘로 나눌 수 있지. 크기가 점점 커지는 화학 반응이 있어. 동화 작용이라고 해. 크기가 점점 작아지는 화학 반응도 있어. 이화 작용이라 해.

다섯째, 모든 생명체는 내부의 환경을 일정하게 유지하는 경향이 있어. 항상성이라고 불러. 인간의 경우 특별한 문제(질병)가 없다면 체온, 혈압, 혈당이 일정하게 유지되거든. 저절로 유지될 리없으니 어떤 시스템이 작동하고 있다는 뜻이지.

여섯째, 모든 생명체는 생식을 해. 자기만 살다 죽는 것이 아니라 어떻게든 다음 세대를 남겨 종족을 유지하지.

일곱째, 모든 생명체는 자극에 반응해. 자극은 내적·외적 환경의 변화를 의미하지. 따라서 자극에 반응하지 않는다면 생명으로 보지 않아.

여덟째, 모든 생명체는 변화에 적응해.

아홉째, 모든 생명체는 여러 세대를 거듭하면서 똑같은 자손을 남기는 것이 아니라 계속해서 조금씩 변화해. 곧, 진화해.

생물학에서는 이러한 여러 가지 특징을 모두 지녔을 때 생명체로 인정해. 항목이 조금 많기는 하지만 읽어 보니 우리가 알고 있던 내용들이 머릿속에 잘 정리되는 기분이지?

지구에는 이렇게 9가지 특징을 모두 지닌 수많은 생명이 깃들어 살아. 종류도 다양하지. 구체적으로 지구에는 어떤 생명체가 있을까 하나하ㅓ 나열하자면 끝이 없을 거야. 그래서 학자들은 몇 가지 기준에 따라 이들을 모둠으로 나눠. 보통은 동물, 식물, 미생물로 나누지만 학자마다 조금 다르게 분류하기도 해. 그중 휘태커(Robert Harding Whittaker)의 분류를 소개하려 해. 지구에 얼마나 다양한 생명이 있는지를 느끼기에 가장 좋은 분류거든.

휘태커는 생물을 5계(five kingdoms)로 분류했어.

① 원핵생물계/세균계(Kingdom Monera)

② 원생생물계(Kingdom Protista)

③ 균계(Kingdom Fungi)

④ 식물계(Kingdom Plantae)

⑤ 동물계(Kingdom Animalia)

원핵생물계/세균계의 생명체는 단세포며 원시적인 핵을 가진 생명체야. 세균이 이에 속해. 육안으로는 볼 수 없어.

원생생물은 단세포이지만 진정한 핵을 가진 생명체야. 원생생물은 다시 크게 둘로 나눠. 동물처럼 살아가는 것은 원생동물이라 불러. 식물처럼 살아가는 것도 있는데, 그것이 바로 조류야. 새를

뜻하는 조류(鳥類, bird)가 아니라 녹조류, 갈조류, 홍조류 할 때의 그 조류(藻類, algae)를 말해. 원생동물도 육안으로는 대부분 볼 수 없어.

균계는 조금 독특해. 균계는 진정한 핵을 가졌지만 단세포도 있고, 다세포도 있어. 하지만 단세포든 다세포든 공통의 특징이 있지. 양분을 스스로 만드는 독립 영양체도 아니고, 다른 생명체를 잡아먹는 종속 영양체도 아니고, 외부에서 양분을 '흡수'하는 방식으로 살아가는 생명체기든. 곰팡이와 버섯 종류가 균류야.

식물은 다세포, 진핵, 독립 영양체야. 동물은 다세포, 진핵, 종속 영양체를 말해.

의학이 말하는 생명

의학의 대상은 오로지 인간이야. 따라서 의학에서의 생명은 인간의 생명을 말하지.

의과대학을 졸업할 때 히포크라테스 선서를 낭독해. 정확히 말하자면 히포크라테스 선서를 수정한 '제네바 선언'을 낭독하는 거야. 히포크라테스 선서는 고대 그리스의 의사였던 히포크라테스가 말한 의료의 윤리적 지침으로, BC 5세기에서 4세기 사이에 기록되었다고 알려져 있어. 이후 히포크라테스 선서를 수정한 것이 '제네바 선언문'이지.

제네바 선언문은 1948년 스위스 제네바에서 개최된 세계의학협회 총회에서 채택되었고, 1968년 최종적으로 완성돼 현재에 이르고 있어.

〈제네바 선언〉

이제 의업에 종사하는 일원으로서 인정받는 이 순간에, 나의 생애를 인류 봉사에 바칠 것을 엄숙히 서약하노라.

- 나의 스승에 대하여 존경과 감사를 드리겠노라.
- 나의 양심과 위엄으로서 의술을 베풀겠노라.
- 나의 환자의 건강과 생명을 첫째로 생각하겠노라.
- 나는 환자에 관한 모든 비밀을 절대로 지키겠노라.
- 나의 의업의 고귀한 전통과 명예를 유지하겠노라.
- 나는 동료를 형제처럼 여기겠노라.
- 나는 종교, 국적, 인종, 정치적 입장 또는 사회적 신분을 초월하여 오직 환자에 대한 나의 의무를 다하겠노라.
- 나는 생명이 수태된 순간부터 인간의 생명을 최대한 존중하겠노라.
- 어떤 위협이 닥칠지라도 나의 지식을 인륜에 어긋나게 쓰지 않겠노라.

나는 아무 거리낌 없이 나의 명예를 걸고 위와 같이 서약하노라.

제네바 선언 역시 의학의 대상은 오로지 인간의 생명임을 분명히 하고 있어. 그리고 생명은 살아 있음을 뜻하는데, 그러면 살아 있다는 것은 어떻게 설명할 수 있을까? 십 대 친구들에게 살아 있음을 온전히 설명하는 것은 너무도 복잡한 일이야. 그래서 죽음이 무엇인가를 통해 살아 있음을 설명하려고 해.

의사가 환자에게 사망선고를 내릴 때의 기준을 알고 있니? 호흡과 심장 박동이 멈췄을 때야. 따라서 의학적 생명의 정의는 스스로 호흡하고 심장이 뛰는 것이라 할 수 있지. 이러한 나름 분명한 기준에 근래 애매하고 모호한 지점이 생겼어. '뇌사'를 어떻게 판단하는가의 문제야. 뇌사는 각종 사고나 질병으로 인해 뇌의 기능이 정지되어 어떤 의학적 수단을 동원하더라도 회복시킬 수 없는 상태거든. 이 뇌사 상태를 어떻게 볼 것인지에 대한 논의가 생겨난 거지.

일반적으로 말하는 '식물인간'은 사고·언어·감각·기억·학습과 관련한 대뇌 기능만 없을 뿐 생명 유지에 필요한 뇌간의 기능, 즉 호흡·소화·체온 조절·혈압 조절 등의 기본 기능은 남아 있는 상태를 뜻해. 의사소통이나 운동 기능을 잃었을 뿐 그 상태로 몇 년이라도 생존이 가능하다는 뜻이지. 뇌사는 달라. 혼수 상태에 빠지고, 동공 확대와 함께 광선에 대한 시각 반응이 없으며, 자발적 호흡이 정지되고, 혈압과 체온이 떨어지며, 근육이 이완되고, 통각·온각·냉각·청각 등 모든 감각에 대한 반응이 없어지는데다 배설 조절도 못하게 되지. 이럴 경우 인공호흡과 약물 투여를 통해 약 1주일 정도 생명을 유지하는 것은 가능해.

중요한 점은 뇌사를 죽음으로 인정할 것이냐의 문제야. 당연히 현재 찬·반 양론이 치열히 맞서고 있어. 뇌사를 죽음으로 인정하길 찬성하는 이유는 다음과 같아. "뇌사는 뇌 기능 전체의 영구적 소실을 의미한다. 돌이킬 수 없는 상태에서 불필요한 노력과 비용을 줄이고 차라리 회생 가능한 환자에게 아직은 정상적인 장기를 제공하여 다른 사람을 살리자."

다음은 뇌사를 죽음으로 반대하는 이유야. "죽음이란 심폐 기능을 포함한 신체의 모든 기능이 정지된 뒤에야 확실한 판정을 할 수 있는 것이다. 아직 숨도 쉬고 심장도 뛰며 체온이 느껴지는 사람을 죽었다고 할 수는 없다. 윤리적인 면에서도 있을 수 없는 일이다."

논쟁은 여전히 치열하며 앞으로도 계속 이어질 테지만, 근래 뇌사를 죽음으로 인정하는 나라가 조금씩 늘고 있어. 우리나라는 보호자의 의견을 따르고 있는 상황이야.

법학이 말하는 생명

법에서 말하는 생명은 의학과 마찬가지로 기본적으로는 사람의 생명을 뜻해. 법의 집행은 살아 있는 사람을 대상으로 하며, 그래서 사망에 이르면 모든 법적 지위는 사라지지. 사망과 더불어 자연인으로 지닌 모든 권리와 의무가 소멸하는 거야.

또한 사람의 사망 여부와 그 시기는 법률상 상속·유언의 효력 발생, 상속 순위, 잔존 배우자의 재혼, 보험금 청구권의 발생, 연금 등에 관한 여러 문제와 관련이 있기 때문에 무척 중요한 변수로 작용해. 하지만 사망의 기준 및 시점 관련하여 법률에 명시된 것은 없어. 법률상 죽음의 판단은 의사가 결정하도록 되어 있지. 법률적 사망의 기준은 심폐 기능에 근거하는데, 심장 박동과 호흡 운동 및 여러 가지 반사 기능이 영구히 정지되면 사망으로 판단하거든.

이것을 보면 법학이 보는 생명에 대한 시각이 의학에 기대고 있는 것은 분명하지만, 의학과 조금 다른 점이 있어. 법은 생명의 범위를 인간만이 아니라 동물의 생명까지 확장하고 있거든. 동물보호법이 그것이야. 법은 인간뿐만 아니라 동물의 생명도 지키는 셈이지.

그러면 법이 말하는 동물은 어디까지일까? 동물보호법 제1장 제2조에 따르면, 포유류와 조류는 아무 단서 없이 동물이야. 파충류, 양서류, 어류는 대통령령으로 정하는 동물이라는 단서가 붙어 있어.* 결국 법이 정한 동물은 척추동물 중 조류와 포유류, 그리고 식용을 목적으로 하는 것을 제외한 파충류, 양서류 및 어류를 말하는 거야. 식용을 목적으로 하는 파충류, 양서류, 어류 및 무척추동물 전체는 법적으로 아무런 보호를 받지 못한다는 뜻이고, 실질적으로 이들은 생명으로 보지 않는다는 것과 같아.

그러면 여기서 의문이 생길 거야. '식물은? 버섯, 곰팡이, 원생생물, 세균, 이런 생명체는?' 하고 말이야. 법은 동물에서 그치지 않고 좀 더 나아가고 있어. 야생생물 보호 및 관리에 관한 법률(약칭: 야생생물법)이 있거든. 야생생물법에 따르면 멸종 위기 야생생

---

* "대통령령으로 정하는 동물"이란 파충류, 양서류 및 어류를 말한다. 다만, 식용(食用)을 목적으로 하는 것은 제외한다." (동물보호법 시행령 제2조)

물, 국제적 멸종 위기종, 현재 멸종 위기에 처하여 있지는 아니하나 엄격하게 규제하지 아니할 경우 멸종 위기에 처할 수 있는 종 등을 소중한 생명으로 보는 것은 말할 것도 없고, 우리나라의 산, 들, 강 등에 서식하거나 자생하는 동물, 식물, 그리고 미생물도 법의 보호 및 관리의 분명한 대상으로 보고 있어. 곧 이들 모두를 소중한 생명으로 본다는 뜻이지. 정말 다행이라고 생각해.

모두를 위한
생명감수성

지금부터 생명감수성에 대한 이야기를 더 깊게 하기 위해서 '생명'의 범위를 정하면 좋겠어.

앞서 살펴본 것처럼 의학은 오로지 인간만을 생명으로 봤어. 생명을 대상으로 하는 학문인 생물학은 인간을 포함한 동물, 그리고 식물을 생명으로 대하고 있어. 그러다 현미경을 비롯하여 장비가 발달하면서부터는 생물의 영역이 미생물까지 확대되었지. 휘태커의 분류 방식을 따른다면 생물은 원핵생물계/세균계, 원생생물계, 균계, 식물계, 동물계의 다섯 그룹으로 나눌 수 있어. 생물학의 시각으로 볼 때 인간은 동물계의 한 종일 뿐이야.

법학이 말하는 생명은 기본적으로 인간이야. 그리고 조금 더 범위를 확대했지. 그 확대 범위는 야생생물 보호 및 관리에 관한 법률에서 엿볼 수 있어. 야생 생물을 자연 상태에서 서식하거나 자생하는 동물, 식물, 균류·지의류(地衣類), 원생생물 및 원핵생물의 종으로 정하고 있거든. 결국 야생생물 보호 및 관리에 관한 법률이 정하는 야생생물은 휘태커가 제시한 생물의 분류 방식과 정확히 일치해. 균류, 지의류, 원생생물 및 원핵생물을 아울러 말하면 가장 가까운 표현이 미생물이야.

따라서 이 책에서 언급하는 생명감수성에서의 생명은 '동물, 식물, 미생물'로 정하려고 해. 물론 미생물이 육안으로는 보이지 않는 생명이라서 조금 어려움이 있지만, 미생물까지 품고 가는 것이 마땅하다는 생각이야. 동물도, 식물도, 눈에 보이지도 않는 미생물조차 우리 인간과 모습이 다를 뿐, 모두 소중히 대해야 할 생명이니까.

2장

생명감수성이
왜 필요하냐면…

동물과 식물을 소홀히 여기면 생겨나는 일들

생명은 모두 소중해. 생명이 쉽게 생기는 것이 아니잖아. 생명의 존재는 모두 기적과 같은 확률의 결과야. 그런데 그 확률로만 따진다면 동물, 식물, 미생물은 우리 인간보다 더 희박한 확률로 지금 이곳에 있어. 현생인류는 4만 년 전에 지구에 출현했지만, 미생물은 약 35억 년 전, 식물과 동물은 약 10억 년 전에 출현했거든. 몇 억 년, 말이 쉽지 억 년은 인간이 채 살지도 못하는 100년이 백만 번 반복하는 만큼의 시간이야. 그러니 동물과 식물은 인간이 존재할 확률보다 비교도 되지 않을 정도의 확률을 거쳐 지금 이곳에 존재하는 거지. 정말 대단하지 않아?

그런데 이 소중한 생명을 존중하는 마음이 사라지고 소홀히 여겨지고 있어서 걱정이야. 생명의 존엄성을 되찾을 필요가 있고, 그 중심에 생명감수성이 있다고 생각해.

축제로 사라지는 동물들
·······························

전라남도 함평은 서울에서 440km 떨어져 있어. 인구 3만여 명 (2023년 기준)이 사는 작은 고을인데, 1999년 봄부터 유명세를 타기 시작했지. 그 누구도 생각하지 못한 '나비'를 주제로 '나비 대축제'를 열면서부터였어.

함평이 생명의 소중함과 아름다움을 세상에 알리며 지역 경제에도 활력을 불어넣은 것은 높이 평가할 만해. 하지만 한 가지 오점이 있어. 축제에 등장하는 수십만 마리의 나비는 자연 상태의 나비가 아니야. 잘 생각해 보면, 함평이라는 지역에 특별히 나비가 많을 이유가 없잖아, 안 그래? 또한 어떻게 자연적으로 수십만 마리의 나비를 채집할 수 있겠어. 자연적인 현상으로는 그럴 수도 없고, 그래서도 안 되는 거지. 그런데 이 축제가 가능한 건, 인공적으로 부화시킨 나비를 날리기 때문이야. 따라서 갑작스레 바뀐 환경에 적응을 못한 나비들은 축제 기간만 잠시 살아 있다가 죽는 경우가 대부분이지. 이 나비들이 다 살아도 문제긴 해. 나비의 급증은 생태계의 혼란으로 이어질 것이 분명하거든. 축제가 열리는 4월 말부터 5월 초순은 나비를 방사하기엔 이른 시기로, 방사한 나비가 추워서 죽는 경우도 많아. 죽는 것도 문제고, 사는 것도 문제인 거지. 꼭 이렇게 해야만 할까, 다양한 나비의 한살이는 생태관에서 보여 주는 것으로도 충분하지 않은가 싶어. 꼭 만지고 잡는 것만이 체험이 아니잖아. 그리고 꼭 만지고 잡아야 생명감수성

이 좋아지는 것도 아니고 말이야.

생명을 관찰할 땐 예의를 갖춰 일정 거리를 두고 보는 것 또한 중요해. 축제에 참여한 사람들에게 저들 생명이 살아가는 상태를 있는 그대로 보여 주고 만나게 해 줄 필요가 있어. 그런데 축제라는 이름으로 우리는 나비를, 꿈을 짓밟고 있을 뿐이야. 나비는 어린이들의 꿈이며, 어른들의 꿈이기도 하잖아. 어린이가 어른이 되는 것이니까.

함평 축제가 대성공을 거두자 지자체마다 앞다투어 동물 축제를 열기 시작했어. 그러다 함평 축제보다 인기 있는 축제들이 생겨났지. 인구 2만 3천여 명(2023년 기준)으로 함평군보다 인구수가 더 적은 화천군으로서는 환호성을 올릴 만한 쾌거일지도 몰라. 실제로 화천의 산천어 축제는 지자체가 기획한 수백 가지의 축제 중에서 소위 '대박' 축제로 꼽히고 있거든. CNN에서도 산천어 축제를 '세계 7대 불가사의'로 선정하고, 다른 지역에서도 성공의 비결을 배우러 올 정도라고 하니 축제로서는 분명 성공한 사례지. 겉보기엔 그런데 속사정은 어떨까?

산천어 축제는 여러 면에서 나비 축제와 닮았어. 산천어 축제역시 생명을 살리는 축제가 아니라 죽이는 축제야. 게다가 이 축제의 아이러니한 점은, 화천에는 산천어가 살지 않아. 우리나라의 토종 물고기(고유종)인 산천어는 백두대간을 중심으로 동쪽, 즉 동해로 흐르는 하천에 서식해. 화천은 백두대간의 서쪽이며 모든 물줄기는 서해로 흘러. 그러니까 산천어 축제는 화천에 없는 종을 외부에서 양식을 통해 길러서 들여와 풀어놓고 하는 거야. 화천 생태계에서 산천어는 외래 이입종* 이라는 뜻이지.

물론 축제의 대상 생물이 꼭 그 지역에 있는 것이어야 한다는 법은 없어. 그렇지만 산천어의 이입으로 심각한 생태계 교란이 일어나고 있으니 문제인 거야. 화천군은 몇 겹으로 망을 쳐서 한정적인 공간에 가둬 두고 축제를 한다고 말해. 하지만 물고기를 일정 장소에 묶어 둘 수 있다는 생각 자체가 착각이야. 이미 외래어종으로 문제를 일으킨 베스가 그랬고, 블루길이 그랬거든.

산천어 축제에 대한 논란은 최근엔 생명감수성, 생명윤리의 문제로 번지고 있어. 산천어 축제의 하이라이트는 '산천어 잡기'야. 화천천 2.1km 구간에 산천어를 가둬 놓고 얼음낚시로 잡는 거야. 산천어를 잡으면 겨울이라서 얼음 위 말고는 따로 둘 곳이 마땅치

---

* 야생 개체나 개체군을 그 서식 범위 내의 한 부분에서 다른 부분으로 의도적이고 인위적으로 이동시키는 것을 말한다.

않아. 빙판에 던져진 산천어는 몸을 뒤척이다가 죽는 거야. 죽는 과정도 고통인 셈이지. 어류는 아가미로 호흡하거든. 아가미는 물속의 낮은 산소 압력에 적응한 구조야. 그런데 공기 중의 산소 압력은 물속보다 엄청 커. 물 밖으로 던져진 물고기는 고압의 산소에 노출되는 셈이지. 팔딱팔딱 뛰는 것은 고통의 몸짓이고.

산천어를 낚시로 잡는 것도 모자라서 축제엔 조금 더 센 자극으로 유혹하는 프로그램이 있어. 울타리를 친 좁은 공간에 산천어를 가둬 놓고 맨손으로 잡는 '맨손 잡기'야. 수많은 사람이 맨손 잡기를 하기 위해 신호를 기다려. 신호가 떨어지면 환호성을 지르며 산천어를 잡아 죽이는 웅덩이로 뛰어들지. 낚시로 잡든, 손으로 잡든, 잡은 것은 칼로 썰거나, 굽거나, 튀겨서 바로 먹는 경우가 많아. 결국 '재미로 잡아서 먹는 것'이 산천어 축제의 핵심인 셈이지. 동물 학대 논란이 일어나는 이유야. 코로나19가 본격적으로 확산되기 이전인 2019년, 산천어를 잡아먹는 재미에 참여한 인원은 184만 명, 희생된 산천어는 76만 마리였어.

물고기를 잡고 또 먹는 것이 무슨 학대냐고 주장하는 사람들도 있을 거야. 물고기는 먹을거리인데 왜들 이리 난리냐고도 하지. 좋아, 그럼 산천어 축제의 가장 큰 논란거리라 할 수 있는 '학대'

문제에 대해 자세히 이야기해 보자. 그러려면 우선 동물보호법을 살펴야 해. 동물로 인정되어야 동물보호법의 대상이 되고 학대로 부터 보호받을 수 있으니까. 우리나라 동물보호법은 동물을 다음 과 같이 정의하고 있어.

동물보호법

제2조(정의)

이 법에서 사용하는 용어의 뜻은 다음과 같다.

1. "동물"이란 고통을 느낄 수 있는 신경체계가 발달한 척추동물로 서 다음 각 목의 어느 하나에 해당하는 동물을 말한다.

　가. 포유류

　나. 조류

　다. 파충류·양서류·어류 중 농림축산식품부장관이 관계 중앙행정 기관의 장과의 협의를 거쳐 대통령령으로 정하는 동물

동물보호법에 의하면 포유류와 조류는 아무 단서 없이 동물이 맞아. 파충류, 양서류, 어류는 단서가 붙어 있어. "대통령령으로 정 하는 동물"이라 하였으니, 다시 대통령령을 살펴봐야 해. 동물보

호법 시행령 제2조(동물의 범위)[*]를 보면 식용을 목적으로 하는 것은 제외한다고 되어 있어. 산천어 축제에 사용하는 산천어가 식용이라면 산천어는 동물보호법이 정한 동물의 정의에서 벗어나는 거지. 그러니까 법적으로 학대라는 표현을 쓸 수 없어. 결국 산천어 축제 또한 법적으로 아무 문제가 없다는 뜻이지.

그런데 만약 산천어를 식용으로 보지 않는다면 산천어는 당연히 동물보호법의 보호를 받아 동물이 되는 거야. 그러니 동물보호법 제8조(동물학대 등의 금지)에 명시된 것처럼 노상 등 공개된 장소에서 죽이는 행위와 도박, 광고, 오락, 유흥 등의 목적으로 상해를 입히는 행위는 모두 금지되는 거야. 따라서 산천어를 식용으로 보지 않는다면 산천어 축제는 불법이야.

현재 화천군은 산천어를 식용이라 주장하고 있고, 산천어 축제를 반대하는 사람들은 식용이 아니라고 주장하지. 이 부분은 법적 판단이 필요한데 2020년, 춘천지방검찰청은 축제에 활용되는 산천어는 애초부터 식용을 목적으로 양식되었기 때문에 동물보호법에서 보호하는 동물이라 보기 어렵다는 점을 들며 불기소 결정

* 동물보호법 제2조 제1호 다목에서 "대통령령으로 정하는 동물"이란 파충류, 양서류 및 어류를 말한다. 다만, 식용(食用)을 목적으로 하는 것은 제외한다.

을 내렸어. 이후 동물 단체들이 항고했으나 서울고등검찰청은 같은 해 7월 기각 결정을 내렸고. 따라서 산천어 축제를 두고 '학대'라는 표현을 쓰지는 않을게.

그래, 물고기는 먹을 수 있는 음식이야. 물고기뿐인가. 돼지, 소, 닭 모두 먹지. 하지만 먹는 것이라 하여 죽을 때까지 희롱해도 된다는 뜻은 아니라고 생각해. 돼지고기를 먹는다 해서 이왕 먹는 거 실컷 괴롭혀도 된다거나, 닭고기를 먹는다고 해서 죽을 때까지 장난쳐도 된다는 게 아닌 것처럼 말이야. 그래서 동물에게 고통을 주는 공장식 축산을 반대하는 목소리가 있는 것이고, 그 대안으로 살아 있는 동안이라도 편하게 살 수 있는 환경을 제공하려는 농장이 늘어나는 거잖아. 어류도 마찬가지 아닐까? 그럼에도 여전히 우리 마음 한구석에는 어류를 돼지나 닭과는 다르게 보는 마음이 있어. "어류가 정말 고통이나 스트레스를 느낄까?" 하는 의문이 있는 거지. 하지만 어류가 아무런 감각도 없을 거란 생각은 지극히 인간 중심적인 사고야. 어류는 신경계를 갖춘 척추동물이거든. 물고기도 무서움을 알고 공포를 느껴. 자연 상태의 물고기에 접근하면 바로 도망치잖아. 물론 수준의 차이는 있어. 하지만 그 차이가 아무리 크다 하더라도 무시할 수는 없잖아.

가장 안타까운 것은 산천어 축제에 어린이를 동반한 가족이 많이 참여한다는 사실이야. 어린이 시기는 생명감수성이 막 자리 잡기 시작하는 때야. 진정한 동물 축제라면 동물을 이해하고 사랑하는 마음을 키우는 시간이어야 한다고 믿어. 그런데 산천어 축제는 도망할 곳도 없는 좁은 공간 안에 물고기를 몰아넣고 잡아먹는 과정을 체험하는 시간이잖아. 어린이들이 하는 게임도 누구를 죽이는 것 일색인데, 동물 축제라는 것까지 꼭 이래야 하는지 생각해 봐야 할 것 같아. 그 축제엔 돈벌이만 있지, 생명감수성은 없어. 생명 존중이라는 보편적인 가치를 느낄 수 있는 진정한 동물 축제를 만들 수는 없는 걸까?

찻길 동물 사고 로드킬

동물이 자동차에 치여 죽는 사고를 로드킬(roadkill, 찻길 동물 사고)이라 불러. 쏜살같이 달리는 차에 부딪혀 살아남을 동물은 거의 없어. 그런데 로드킬로 동물만 목숨을 잃는 것이 아니야. 운전자도 크게 다치거나 목숨을 잃어. 크든 작든 동물이 도로에 느닷

없이 나타나면 핸들을 급하게 조작하게 되거든. 그러면 차가 뒤집히거나, 맞은편 차선으로 오던 차와 충돌하거나, 옹벽이나 가로수를 들이받거나, 비탈이나 절벽으로 추락하는 사고가 발생하지.

구체적인 내용과 근거를 제시한 것은 아니지만, 한국로드킬예방협회에 따르면 우리나라에서 1년에 로드킬로 죽는 동물의 수가 약 30만 마리에 이른다고 해. 많아도 너무 많아. 로드킬은 지역을 가리지 않고 발생하고 있어. 사고를 당하는 동물은 너구리, 오소리, 족제비, 삵, 수달, 다람쥐, 하늘다람쥐, 청설모, 고라니, 멧돼지를 비롯한 포유동물은 물론이고 양서류, 파충류, 조류에 이르기까지 다양해. 지역 특성에 따라 특정 종의 사고가 잦은 경우도 있지만, 최근에는 고양이의 찻길 동물 사고가 가장 많이 발생하고 있어. 유기된 고양이가 전국의 도심뿐만 아니라 산지까지 퍼진 탓이야.

찻길 동물 사고의 원인은 무엇일까? 야생 동물이 숲이나 산에서나 살 것이지 도로에는 왜 뛰어들어 자신도 그렇고 사람에게까지 피해를 입히냐고 생각하는 사람들이 있을 거야. 물론 그런 일이 없으면 좋겠지만, 속내를 살펴보면 이래. 동물들은 다니던 길로 다닐 뿐이야. 우리 인간들이 저들이 다니는 길에 찻길을 만든

것이지.

찻길 동물 사고는 동물의 죽음이란 아픔으로 끝나지 않아. 도로는 생태계의 단절을 초래하고, 생태계의 단절은 서식지의 격리를 조장하고, 서식지의 격리는 유전적 격리로, 유전적 격리는 근친교배로 이어져 끝내 종 소멸을 향해 갈 수밖에 없어. 우리가 끝없이 편리함을 좇는 사이에 우리 땅의 동물들은 소중한 삶의 터전을 잃고 낯선 도로에서 방황하다 처참하게 죽고 있는 거야. 생각했던 것보다 피해가 어마어마하지?

하지만 그렇다고 우리 인간들이 도로 없이 살 수는 없잖아? 그렇다면 선택은 하나, 저들에게도 살길을 열어 주어야겠지. 그래, 동물 이동 통로(생태 통로)를 만들어 주면 피해를 최소로 줄일 수 있어. 동물 이동 통로를 만드는 것으로 저들의 생명을 빼앗은 책임으로부터 완전히 자유로울 수는 없겠지만 노력은 해야지.

현재 실상은 동물 이동 통로가 만들어진 곳이 몇 곳 되지 않아. "우리나라에도 이런 것이 있다"고 홍보할 수준 정도만 있을 뿐이지. 물론 생태 통로 설치에 많은 비용이 드는 것은 사실이야. 하지만 우리나라가 그 정도의 비용을 아껴야 할 만큼 어렵지는 않잖아. 문제는 도로 계획을 세우는 사람들이 생명감수성이 부족하거나 아예 없다는 점이겠지. 그래서 더 많은 사람들의 관심이 필요하고, 그래야 앞으로 달라질 수 있을 거야.

찻길 동물 사고는 현재 상황에서는 아무리 조심해도 발생할 수 있어. 만약 사고가 났다면 어떻게 하면 좋을까? 상황에 따라 정확하게 신고를 해 주면 돼. 동물이 살아 있을 때와 죽었을 때에 따라서, 사고가 발생한 도로의 종류에 따라서 전담 기관이 다르지만 119나 112로 신고해도 신속히 대응해 줘. 신고한 자료는 로드킬을 줄이기 위한 기초 자료로 활용하며, 내비게이션 업체와 공유하여 사고 예방 알림에 활용하고 있어.

야생 조류의 유리창 충돌

새의 비행술은 상상을 초월해. 나뭇가지와 넝쿨이 얽히고설킨 숲에서도 어디에 깃털 한 번 스치지 않고 요리조리 잘도 날아다니지. 게다가 엄청 빠른 속도로 말이야. 놀라운 비행술엔 좋은 시력의 도움이 커. 하지만 아무리 시력이 좋아도 피할 수 없는 사고들이 있어. 매년 수많은 새들이 유리창에 부딪혀서 목숨을 잃고 있

지. 상상을 초월하는 숫자야. 미국
에서만 10억 마리, 캐나다에서는
2500만 마리 정도가 매년 희생된다고
해. 우리나라는 매년 약 800만 마리가
죽는 것으로 추정하고 있어. 매일 2만 마
리가 넘는 새들이 죽어 가는 셈이야.

새는 좋은 눈을 가졌지만, 인간이 유

리창을 만들어 낼 것까지 예측하지는 못했던 거야.

피하지 못하고 날마다 수많은 새가 유리창에 부딪혀 죽고 있는데도 세상은 이들에게 관심을 기울이지 않아. 조류의 유리창 충돌로 인한 죽음이 인간에게 당장 손해를 끼치는 일이 없다고 생각하기 때문이지.

유리창이 없는 건물은 없을 거야. 그건 모든 건물에서 조류의 충돌이 발생할 수 있다는 뜻이기도 해. 유리의 속성은 투명성과 반사성이야. 창밖 세상이 반사되어서 얼마든지 날아들어도 되는 세상으로 보여. 눈이 있지만 위험성이 보이지 않으니 새로서도 어쩔 수 없는 거지. 만약 우리가 늘 다니던 길에 어느 날 갑자기 눈에 보이지 않는 투명창이 설치됐다고 생각해 봐. 어떻게 충돌을 피할 수 있겠어.

그나마 인간의 뇌 골격(머리뼈)은 상당히 단단한 편이야. 걷다가 부딪혀도 목숨이 위험할 정도까지 다치지는 않아. 하지만 새는 엄청난 속도로 비행하다 충돌하기 때문에 충격이 어마어마해. 또한 새는 비행을 위해 뼛속까지 비워 공기로 채운 탓에 골격이 무척 약한 생명체야. 충돌은 곧 죽음이지. 2022년 현재, 전국의 건물 숫자는 약 710만 채야. 1년에 건물 하나에 1마리가 충돌한다고 가정해도 710만 마리가 목숨을 잃는 셈이지. 우리나라에서 매년 약 800만 마리의 새가 유리창 충돌로 죽는다는 예상값이 아무 근거 없이 나온 숫자가 아니라는 뜻이야.

건물 유리창 다음으로 심각한 것이 투명 방음벽에 의한 피해야. 특히 고속도로의 방음벽은 서식지를 가로지르는 경우가 많아서 건물 유리창보다 직접적인 위협이 되고 있어. 날마다 새로운 건물이 생기고 있고, 없던 길도 새롭게 뚫리고 있어. 새 입장에서는 어제는 없었던 유리창과 투명 방음벽이 오늘 갑자기 생겨난 거야. 그런 상황이 매일 조금씩 늘고 있으니 새에게는 날마다 보이지 않는 나무가 늘어나는 셈이지.

그러자 우리 인간에게 책임이 있다고 생각하는 사람들이 유리창 충돌을 줄이기 위해 행동하기 시작했어. 새를 잡아먹는 새, 맹금류의 스티커를 유리창에 붙이겠다는 아이디어를 낸 거야. 새를 구한다 하여 버드 세이버(bird saver)로 알려졌지만, 그 말과 달리 버드 세이버는 새를 구하지 못해. 새들이 스티커 맹금류를 실제 맹금류로 인식해 근처에 얼씬도 하지 않을까? 아니, 스티커는 아무런 소용이 없어. 새를 지키려면 새에 대해 잘 알아야 하는데, 마음만 앞섰지 정작 새에 대해서는 잘 몰랐던 거지.

새들은 더불어 살아가는 이웃 생명, 특히 다른 새에 대해 정확한 정보를 가지고 있어. 내 관찰 경험에 따르면 소리는 말할 것 없고 암수도 구분하며, 섬세한 습성까지도 알아. 게다가 자신의 생명을 앗아갈 수 있는 맹금류를 비롯한 천적에 대해서는 훤히 꿰고 있지. 아주 사소한 차이까지 말이야.

인간이 보기엔 독수리와 흰꼬리수리의 모습이 비슷해. 더군다나 흰꼬리수리의 경우엔 완전한 성체가 되기 전까지는 꼬리가 흰색이 아니라 갈색이기 때문에 독수리와 흰꼬리수리는 헷갈리기 쉬워. 새를 오래도록 보아 온 나 같은 사람도 마찬가지야. 그런데 독수리와 흰꼬리수리 사이에는 큰 차이점 하나 있어. 독수리는 사냥 능력이 없지. 그래서 동물의 사체에 기대어 살아. 하지만 흰꼬리수리는 사냥 능력이 뛰어나. 어린 흰꼬리수리도 마찬가지야. 자, 독수리가 나타났다 치자. 새들은 꿈쩍도 하지 않아. 전혀 신경 쓰지 않지. 사냥 능력이 없다는 것을 아는 거야. 그런데 이번에는 멀리서 흰꼬리수리가 다가온다면 어떻게 할까? 어린 개체여서 독수리와 구분하기 어려워도 새들은 모두 도망쳐.

자, 그렇다면 유리창 충돌 사고를 막을 방법은 정말 없을까? 어떻게 하면 좋을까? 언제나 그렇듯이 방법은 찾으면 있어. 찾지 않았을 뿐이지. 새를 잘 알면 길이 보여. 2019년 3월, 환경부는 '야생 조류 유리창 충돌 저감 캠페인'을 시작하면서 상당히 효과적인 저감 방법을 제시했어. 그것을 반영하면 지역과 시간을 가리지 않고 광범위하게 발생하는 새의 유리창 충돌 사고를 줄일 수 있지.

그 중심에는 '5×10 규칙'이 있어. 이 규칙은 아무리 작은 새여도 날개를 완전히 폈을 때의 길이는 10cm가 넘으며, 위 아래로 날갯짓을 하는 폭도 5cm가 넘기 때문에 가로 10cm, 세로 5cm가 넘는 공간이어야 비행을 시도한다는 규칙이야. 이러한 조류의 비행 특성을 고려해서 유리창에 물감 또는 스티커로 가로 10cm, 세로 5cm 간격의 점을 찍거나 선을 그어 표시하면 새들은 유리창을 피해. 유리창으로의 돌진을 막을 수 있는 것이지. 5×10 규칙으로 유리창에 점을 찍으면 세상이 조금 덜 보일 뿐이고, 투명 방음벽이 불투명 벽으로 바뀌면 그 길을 지나는 몇 초 동안 살짝 불편함이 있을 뿐이잖아. 우리 그 정도는 견딜 수 있지 않나? 더군다나 인간에게 피해를 끼치지 않는 죽음이라도, 그 죽음이 인간에서 비롯하였다면 우리에게도 적잖은 책임이 있는 것일 테니 말이야.

버려지는 반려동물

반려의 '반(伴)'과 '려(侶)'는 모두 '짝'을 뜻해. "그 친구는 내 단짝이야" 할 때의 짝이고, 신발 한 짝을 말할 때의 짝이기도 하지. 반려동물은 개와 고양이뿐만 아니라 그 종류를 헤아리기 어려울 정도로 다양해지고 있어. 척추동물부터 무척추동물까지 범위가 점점 넓어져서 현재는 반려동물 천만 시대에 이르렀지.

그런데 동물자유연대에 따르면 2022년에 발생한 유실·유기동물은 11만 2천여 마리며, 해를 거듭할수록 그 수가 증가하고 있대. 지자체 보호소에 들어온 유기동물의 대부분이 보호소에서 안락사로 생을 마감하고 있으며, 훈련이나 치료 등은 기대할 수 없는 현실이야. 우리나라의 경우 반려동물을 입양하여 죽을 때까지 키우는 비율이 겨우 12퍼센트 정도이며, 나머지는 도중에 재분양 또는 유기된다고 해. 어림잡아 열에 아홉은 끝까지 함께하지 못하고 버려지는 셈이야. '반려'라는 표현을 쓰기 민망한 형편이지. 대다수의 반려동물은 싫증이 나거나, 나이 들고 병들어 돌보기 힘들어지거나, 이사나 휴가 등 환경 여건이 바뀔 때 주로 버려진다고 해. 놀랍게도 여름 휴가철에 가장 많이 버려진대.

국립국어원에서는 반려동물의 말뜻을 이렇게 풀이하고 있어. "반려를 어떤 일을 짝이 되어 하는 사람으로 풀이하고 있으므로 반려동물은 의미적 호응이 부자연스럽지만, 현실적으로 반려동물이 쓰인다는 점을 고려할 때 반려의 넓은 의미의 쓰임으로 판단된다." 반려동물의 반려가 본래의 뜻과는 조금 다르게 사용된 것이지만, 동물을 진정 짝으로 삼겠다면 굳이 뭐랄 것은 없겠지. 하지만 저들과 진정한 짝이 될 마음, 그 마음을 끝까지 지킬 각오와 다짐, 자신이 없다면 반려동물은 들이지 않는 게 옳다고 생각해. 반려의 전제는 책임이니까.

훼손되어지는 녹색의 세상

앞서 생명감수성의 대상인 생명을 어디까지로 보면 좋을지에 대해 이야기했었잖아. 인간을 포함한 동물, 식물, 그리고 미생물까지를 생명으로 보자고 했던 것을 기억할 거야. 하지만 사람과 동물에 대한 이야기를 많이 하게 되는 것이 사실이기는 해. 자, 그럼 이제부터는 식물에 눈을 돌려 보자. 폭력, 학대, 살생이 동물을 대상으로만 일어나는 것은 아니거든. 같은 일이 식물에게도 벌어지고 있는데, 이런 모습들을 훼손이라고 표현할게.

지금으로부터 10억 년 전에서 4억 년 전 사이에, 삶의 문제에 있어서 식물은 동물과 정반대의 길을 걷기 시작했어. 스스로 몸을 움직여 생존의 길을 모색한 동물과 다르게 식물은 땅에 뿌리를 내리고 움직이지 않기로 한 거야. 정해진 자리를 지키며 모든 환경의 변화를 스스로 감당하기로 한 것이지. 그래서 아무리 모질고 거친 비바람이 몰아쳐도 어디로든 피하지 못하고 고스란히 마주해야 해. 이글거리는 태양이 내리쬐어도 그늘로 갈 수 없어. 추위가 닥치고 모든 것이 꽁꽁 얼어붙어도 덜 춥거나 따듯한 곳으로 옮겨 갈 수 없지. 게다가 먹고 사는 문제도 정해진 자리에서 해결해야 해. 어찌 보면 식물은 이해하기 어려운 길을 선택한 거야.

대부분의 식물은 생각보다 열악하고 혹독한 환경에서 살아가고 있어. 식물도 빛, 온도, 수분과 양분을 비롯한 환경 조건이 알맞은 곳에서는 잘 살 수 있지. 하지만 자연환경은 언제라도 급격히 변할 수 있으며 장소에 따라 그 차이도 커. 실제로 식물이 살아가기에 최적의 조건을 갖춘 곳은 그리 많지 않아. 어떤 곳은 빛이 넉넉하지만 물이 부족하고, 또 어떤 곳은 빛과 물은 충분하지만 기

온이 너무 낮고, 또 어떤 곳은 빛과 물과 기온은 알맞으나 양분이 부족하지. 어느 하나가 부족하든가 반대로 지나친 경우가 대부분이야. 이 모든 조건이 최악인 경우도 흔하고 말이야. 그럼에도 식물이 살지 않는 곳은 없어. 참 신기하지?

사막은 강한 광선, 높은 온도, 큰 일교차, 물 부족 등 환경 요소 하나하나가 식물이 서식하기엔 지극히 힘겨운 조건들뿐이야. 따라서 사막에서 살아남으려면 이러한 극한 조건을 넘어설 수 있는 특별한 대책을 마련해야 해. 식물은 끝없이 그 길을 찾았고, 마침내 사막에서도 당당히 살아가고 있어.

툰드라 지역의 식물도 마찬가지야. 툰드라는 수목한계선 너머의 평원을 말해. 시도 때도 없이 휘몰아치는 강풍, 혹독한 추위와 눈보라, 모든 것을 무참하게 짓이겨 버리는 밤톨 크기의 우박, 느닷없이 하늘을 뒤덮는 먹구름과 안개가 끊임없이 식물의 생존을 위협하지. 그럼에도 그나마 환경이 양호한 두세 달 사이에 부지런히 꽃을 피우며 끊임없이 세대를 이어가는 식물이 많아. 심지어 일 년 내내 살며 종을 유지하는 식물도 있고 말이야. 이처럼 식물은 움직이지 못하기 때문에 환경 변화에 순응해야 할 때가 많지만 적응하고, 때로는 극복하며 살아가.

또한 중요한 점이 있어. 식물 또한 혼자 사는 것이 아니라 이웃이 있다는 거야. 함께 더불어 살며 저들만이 마련한 삶의 틀을 갖고 있지. 순간순간 경쟁하고 전쟁도 하지만 그 모두를 뛰어넘어 공존의 길도 모색한다는 거야. 순응, 적응, 극복, 경쟁, 전쟁, 공존의 중심과 사이의 둘레를 넘나들며 식물은 세상 그 어디라도 살아가고 있어. 꿋꿋하게 말이야.

전원주택에서 생활하는 사람들은 잘 알아. 풀은 뽑아도 뽑아도 난다는 것을. 자연에 깃들인 생명들을 만나느라 산을 다닐 때가 많은데, 그 길의 대부분은 내 발이 닿아 생긴 거야. 혼자 겨우 지날 정도로 좁은 길이지. 그렇게 생겨난 길도 2주일 남짓 발길을 끊었다 들어서면 지나기 힘들 정도로 풀이 무성해져 있어. 그 모습을 볼 때마다 자연의 회복력에 놀라곤 하지. 그런데 그러한 식물조차 도무지 뿌리를 내릴 수 없는 곳이 있어. 어디일까? 바로, 인간이 발붙이고 사는 곳이야. 내가 지금 발 디딘 곳에 식물이 없다면, 원래 저들이 있어야 할 곳을 내가 빼앗은 거야. 저들이 살 곳을 내가, 우리가 훼손한 것이지.

어린 시절, 아침에 눈을 뜨면 외가댁 마당으로 나가 탁 트인 들판과 인사하는 것이 하루의 시작이었어. 더군다나 여름방학이면 나의 하루는, 그리고 나의 세상은 온통 녹색이었지. 50년 남짓의 시간이 흐른 지금은 어떨까? 우선 들녘. 녹색이 무척 줄었어. 녹색이 줄어든 까닭은 식물이 뿌리를 내릴 공간이 줄어든 탓이지.

흙도 식물이 살 수 있는 흙이 있고, 살 수 없는 흙이 있다는 걸 알고 있니? 식물이 살 수 있는 흙은 줄었고, 식물이 살 수 없는 흙은 늘었어. 식물이 살 수 없는 흙은 딱 하나야. 사람이 다니는 길이지. 사람이 하도 밟고 지나다녀서 반질반질한 흙에서는 식물이 뿌리를 내리지 못해. 밟히는 것쯤은 아무것도 아닌 식물이라도 숨 돌릴 틈도 없이 계속 밟고 지나면 이겨낼 수 없거든. 그렇게 좁은 길이 점점 넓어졌고, 없던 길이 생겨났어. 예전에는 끊어진 길, 막힌 길도 많았는데 이제는 모든 길이 연결되어 있잖아. 그만큼 새로운 길이 생겼다는 뜻이지.

게다가 흙길이 대부분 콘크리트길로 바뀌었어. 식물이 끼어들 틈이 없어진 거지. 야트막한 산비탈 쪽도 꽤 변했어. 규모 있는 교회가 생겼고, 널찍한 마을회관이 생겼으며, 집도 무척 많아졌어. 버스를 타려면 한 시간은 걸어 나가야 했었는데 지금은 집 바로 앞으로 버스가 지나다녀. 집마다 경운기와 차가 있고, 트랙터를 마련한 집도 있어. 집 앞에 갖춘 주차장이 부족해지자 결국엔 드

넓은 마을 주차장까지 생겼지. 아득히 보이는 남쪽 들녘으로는 공업단지가 죽 늘어서 있어. 무언가 새로 생길 때마다 딱 그 자리만큼 녹색은 정직하게 따박따박 사라지고 말아.

그런데 이런 변화가 나의 외가댁 주변에만 있어났을 리 없잖아. 우리나라 전체에서도, 또한 세계 전체에서도 비슷하거나 더한 일들이 벌어졌어. 농로, 구도, 시도, 지방도, 광역시도, 일반국도, 고속도로가 우후죽순으로 건설되었지. 1970년 7월 7일, 서울에서 부산을 오가는 경부고속도로가 개통되었어. 그것이 우리나라 첫 번째 고속도로야. 지금은 어떨까? 2023년 11월 현재, 우리나라의 고속도로는 모두 50노선(도로공사 노선 34개, 민자 노선 16개)이야. 또한 15노선(신설 노선 13개, 확장 노선 2개)이 현재 건설 중이고. 53년 전의 고속도로 지도는 단출했었어. 서울과 부산을 잇는 딱 한 줄만 있었으니까. 그런데 지금은 완전 거미줄이야.

건물 또한 엄청 늘었어. 45년 전인 1978년에 내가 다니던 고등학교가 강북의 비원 옆에 있었는데 강남으로 이사를 했어. 3학년 때였지. 그땐

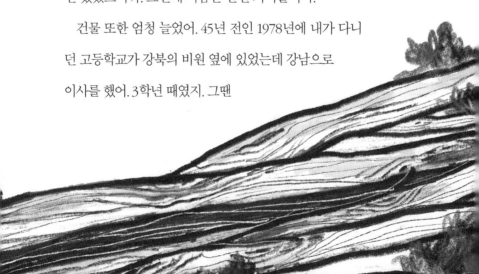

주변에 큰 건물이 하나뿐이었어. 우리 학교보다 2년 앞서 이사한 다른 고등학교였지. 학교 북쪽에 있었어. 남쪽으로는 아득히 먼 곳에 아파트 단지가 가물가물 보였고. 우리 학교를 중심으로 다른 학교와 아파트 단지 사이엔 모두 논과 아트막한 산이 전부였어. 지금은 어떠냐고? 학교가 다른 건물에 둘러싸여 보이지도 않아. 어디에서도 녹색을 찾기 어렵다는 뜻이지.

인간만이 식물의 영역, 곧 녹색의 세상을 짓밟아. 직접적이든 간접적이든 저들의 자리를 빼앗음으로써 우리가 얻은 것은 편리함이야. 하지만 이제는 선택해야 해. 조금 편하게 잠시 살다 식물을 잃고 나도 잃을 것인지, 아니면 조금 불편하게 살더라도 모두와 함께 살아갈 것인지. 그나마 지금은 선택지라도 있지만 이대로 조금 더 시간이 지나면 우리에겐 선택할 기회조차 없을 수도 있어. 식물 훼손의 끝은 모든 생명의 절멸이니까.

인간의 생명을
소홀히 여기면
생겨나는 일들

지금부터는 인간과 인간 사이에서 벌어지는 생명경시의 풍조에 대해서 살펴보려 해. 세계 곳곳에는 지금도 인간 세상에서 있어서는 안 될 일이 많이 벌어지고 있어서 마음이 아파. 인간과 인간 사이에서 절대로 일어나서는 안 되는 세 가지가 있다면, 그것은 바로 전쟁, 폭력, 그리고 자살이야. 이 모두가 생명감수성이 약하거나, 부족하거나, 없기 때문에 일어나는 일들이지.

극악한 생명경시, 전쟁

전쟁은 국가 또는 사회 집단들이 무력을 사용하여 상대방에게 자신의 의지를 강제하는 행위를 말해. 인간은 왜 전쟁을 할까?

전쟁은 고대부터 시작되었으며 발발 이유는 명확했어. 영토, 자원, 노동력을 얻기 위함이었지. 그러나 농업 기술이 발달하면서 생산력이 급증하였고, 그로 인해 사실 전쟁의 이유는 사라졌어. 하지만 그럼에도 전쟁은 끊이지 않고 세계 곳곳에서 일어났고, 현재도 계속되고 있지. 전쟁의 이유가 정치, 경제, 문화, 종교 문제로 축이 옮겨진 거야. 전쟁의 원인과 목적이 다양해진 셈이지.

하지만 우리가 기억해야 할 중요한 것이 있어. 전쟁의 시작은 어떠하든지 그 결과는 같다는 거야. 참혹한 인명의 상실을 피할 수 없다는 사실이지.

지금부터 인류사에서 가장 큰 두 전쟁을 살펴보려 해. 먼저 제1차 세계대전이야. 1914년 6월 28일, 오스트리아의 황태자 부부의 방문이 예정되어 있던 보스니아의 수도 사라예보의 하늘은 높고 푸르렀다고 기록돼 있어. 오전 10시, 황태자 부부가 사라예보 시민들 앞에 모습을 드러냈고 많은 사람이 손을 흔들며 반겼지. 그런데 그때 "탕! 탕!" 두 발의 총소리가 들리며 황태자 부부가 쓰러졌어. 총은 세르비아 사람이 쏜 것이었지. 당시 세르비아 사람들은 오스트리아를 좋아하지 않았어. 세르비아의 독립을 막았기 때문이었지. 황태자 부부는 결국 숨을 거두고 말았는데, 이것을 '사라예보 사건'이라고 불러.

사라예보에서 총소리가 울리고 꼭 한 달이 지난 7월 28일, 오스트리아는 세르비아에 전쟁을 선포하기에 이르러. 전쟁이 시작되자 유럽의 여러 나라들이 각국의 이익에 따라 줄을 섰고, 마침내 미국까지 참전하면서 세계대전으로 번지게 되었지. 1918년 11월, 마침내 독일마저 항복하면서 제1차 세계대전은 연합군의 승리로 막을 내려.

제1차 세계대전이 끝나고 연합국과 독일은 베르사유 조약을 맺어. 이 조약으로 독일은 모든 식민지를 잃고 엄청난 배상금도 물어야 했어. 독일은 이 조약에 큰 불만을 가졌고, 이것이 결국 제2차 세계대전을 일으키는 원인이 되지. 전쟁의 끝은 끝이 아니라 또 다른 전쟁의 시작이었던 거야.

제1차 세계대전으로 인간은 무엇을 얻은 걸까? 안타깝게도 얻은 것은 하나도 없어. 잃은 것만 있을 뿐이야. 1914~1918년에 걸

쳐 일어난 제1차 세계대전으로 약 천만 명이 죽었고, 약 2천만 명이 부상을 당했어.

이후 발생한 제2차 세계대전은 1939~1945년 사이에 벌어졌던 인류 역사상 가장 큰 전쟁이야. 당시 독일, 이탈리아, 일본과 같은 전체주의 국가들은 다른 나라를 식민지로 삼으려고 안간힘을 썼어. 전체주의란 국가를 위해 개인의 자유를 무시할 수 있다는 생각인데, 결국 이 세 나라로 인해 세계는 다시 전쟁에 휩싸이게 돼. 제2차 세계대전에는 세계 인구의 20퍼센트가 전쟁에 동원되었고, 상상할 수 없을 만큼의 많은 무기가 전쟁 동안 세상을 파괴했어.

제2차 세계대전은 대량 학살로 몸서리치게 만든 전쟁이기도 해. 광신적인 인종 차별 정책을 펼치던 독일의 나치는 좀 더 많은 사람을 빠르고 쉽게 죽일 수 있는 방법까지 궁리했어. 아우슈비츠를 비롯한 네 곳에 정치범과 유대인, 집시들을 가둘 강제 수용소를 만들었고 날마다 가스실에서 인간의 목숨을 빼앗았어. 강제 수용소의 굴뚝에서는 매일같이 시체를 태우는 시커먼 연기가 뿜어져 나왔다고 해. 기록에 따르면 가스실에서 학살당한 사람이 150만 명에 이르며, 전체 유대인 사망자 수는 600만 명을 헤아릴 정도야. 유대인 학살뿐만 아니라, 전쟁 내내 세계 곳곳에서는 끔찍한 민간인 학살마저 벌어졌어. 난징 대학살을 비롯한 일본군의 중국인 학살, 독일이 소련 침공 후에 벌인 슬라브인 학살, 연합군의 드레스덴 폭격과 소련군의 독일인 학살 등이 그 예야.

제2차 세계대전의 희생자는 5천만 명에 이르렀는데, 그 중에서 민간인 사망자는 군인 희생자의 2배가 넘는다고 알려지고 있어. 생명감수성은 히틀러, 무솔리니와 같은 사람이 앞으로는 단 한 명이라도 나오지 않도록 하기 위해 정말 필요한 것이기도 해.

우리나라 또한 전쟁이 끊이지 않았어. 그중 한국전쟁은 1950년 6월 25일 일요일 새벽 4시경 북한군이 선전포고도 없이 남침하여 발발한 전쟁이야. 1953년 7월 27일 휴전 협정이 체결되기까지 3년 1개월간 교전이 이어졌으며, 지금도 휴전 협정이 이어질 뿐인 아직 끝나지 않은 전쟁이기도 해.

한국전쟁은 양측에 엄청난 인명 피해를 입혔어. 남한은 민간인 사망 37만여 명, 부상 22만여 명, 실종 38만여 명이며, 군인은 사망 13만여 명, 부상 45만여 명, 실종 2만여 명으로 민간인과 군인을 합치면 약 160만여 명이 피해를 입었지. 한편 북한은 민간인 사망 40만여 명, 부상 160만여 명, 실종 68만여 명이며, 군인은 사망 52만여 명, 부상 22만여 명, 실종 9만여 명으로 합계 350만여 명이 피해를 입었어. UN군은 사망 3만여 명, 부상 11만여 명, 실종 6천여 명이며, 중국군은 사망 11만여 명, 부상 22만여 명, 실종이 3만여 명에 이르러. 당시 남북한 전체 인구가 3천만 명이라고 할 때 약 5분의 1이 피해를 입었으며, 한 가족에 1명 이상이 피해를 입은 거야. 한국전쟁은 양측에게 증오와 대립만 심화시켰어. 전쟁을 통해서 분단선을 제거하려 했던 목표는 아득해졌고, 서로에 대한 증오심만 커지면서 분단 체제만 더 굳어졌지.

한국전쟁 이후로도 전쟁은 세계 도처에서 끊이지 않고 일어나고 있어. 2022년 2월에 러시아가 우크라이나를 침공하면서 시작된 전쟁은 2023년 12월 현재에도 진행 중이지. 그 사이에 수많은 사람이 목숨을 잃었어. 얼른 전쟁이 끝나기만을 바라고 있었는데 2023년 10월 7일에는 또 다른 전쟁이 터지고 말았어. 영토 분쟁이 끊이지 않았던 이스라엘과 팔레스타인의 전쟁이야. 전쟁의 발발 이후로 며칠 지나지 않았는데 벌써 수천 명의 사상자가 발생했어. 게다가 대부분 민간인이 피해를 입었고. 이처럼 전쟁이 일어나면 생명을 잃는 일이 생겨. 어떠한 목적과 이유든지 간에 그것이 인간의 생명보다 클 수 있을까? 영토의 확장, 자원의 풍족함, 국가의 이익이 인간의 생명보다 소중할까? 아니, 그럴 리 없어. 전쟁의 결과는 손실만이 있을 뿐이야.

인간의 생명이 아무렇지 않게 사라지는 현장에서 인간성을 기대할 수는 없을 거야. 전쟁을 직접 치르는 군인들을 생각해 볼까? 직접 총을 겨누고 죽여야 하는 대상과 그들은 사실 아무런 원한이 없어. 그런데도 불구하고 나와 똑같은 한 인간을 아무 이유 없이 죽여야 하는 게 전쟁이야. 또한 전쟁은 내 부모를, 내 자식을, 내 친척을, 내 친구를, 내 이웃을 죽게 만들어. 죽지 않고 생명을 유지하더라도 크게 다칠 수 있지. 팔과 다리가 잘려 나갈 수 있고, 아무것도 볼 수 없게 될 수 있고, 아무것도 들을 수 없는 상태가 될 수 있고, 아무것도 느낄 수 없는 지경에 빠질 수도 있어. 너무 슬픈 일이잖아?

그리고 하나 더. 전쟁은 인명의 상실로 끝나지 않아. 자연에 깃들인 수많은 동식물도 삶의 터전을 잃어버려. 그들로서는 그야말로 아무 이유도 없이 터전을 잃게 되고, 생명을 잃게 되는 거야. 한국전쟁 당시 한반도는 말 그대로 불바다였다고 해. 풀도 나무도 그 안에 깃들인 모든 동물의 운명도 새까맣게 타들어간 것이지.

점점 더 증가하는 학교 폭력

어디에서도 일어나서는 안 되는 폭력이 더욱이 학교라는 공간에서 벌어지고 있어. 학교 폭력이라 불러. 우리나라에는 '학교 폭력 예방 및 대책에 관한 법률'(약칭: 학교폭력예방법)이 있어.[*] 이런 법이 있다는 것 자체가 서글프지만 현실이야. 교육청은 매년 학기 초마다 온라인 설문 조사의 형태로 학교 폭력 실태 조사를 실시하고 교육부가 취합하여 발표하는데, 교육청은 학교 폭력을 "학교 안과 밖에서 학생에게 피해를 주는 행동"으로 정의하고 있으며, 구체적인 예도 들고 있어.

- **언어폭력** 심한 욕설, 놀림, 협박(겁주는 말)을 함
- **금품갈취** 내가 가지고 있는 돈이나 물건을 빼앗음
- **성폭력** 성희롱, 성추행, 성폭행 등
- **스토킹** 상대방이 싫다고 하는데도 계속 따라다니며 괴롭힘

[*] 제2조(정의) 이 법에서 사용하는 용어의 정의는 다음 각 호와 같다.
① "학교 폭력"이란 학교 내외에서 학생을 대상으로 발생한 상해, 폭행, 감금, 협박, 약취 · 유인, 명예훼손 · 모욕, 공갈, 강요 · 강제적인 심부름 및 성폭력, 따돌림, 사이버 따돌림, 정보통신망을 이용한 음란 · 폭력 정보 등에 의하여 신체 · 정신 또는 재산상의 피해를 수반하는 행위를 말한다.

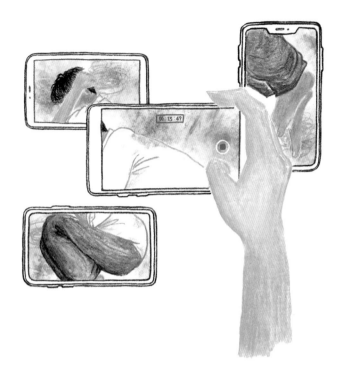

고 불안하게 함

• **강요** 친구나 선·후배가 하기 싫은 일을 강제로 시킴

• **신체폭력** 친구나 선·후배에게 맞거나 어떤 곳에 갇힘

• **사이버폭력** 사이버 공간(인터넷, 스마트폰, 콘솔 게임기 등)에서 괴
  롭힘

• **집단따돌림** 친구나 선·후배 여러 명이 계속 따돌림

걱정스러운 점은 최근 학교 폭력의 양상이 점점 위험한 방향으로 흘러가고 있다는 거야. 우선 학교 폭력을 접하는 연령이 점점 어려지고 있어. 학교 폭력에 노출되는 시점이 어릴수록 후유증이 오래갈 뿐 아니라 학교생활에 적응하기도 어려워지지. 또한 과거엔 불리적인 신체적 폭력이 주였다면 최근에는 폭력의 형태가 다양해지고 범위가 확대되는 경향을 보인다는 거야. 특히 매체가 발달하면서 청소년들이 즐기는 인터넷에서 행해지는 사이버 폭력과 같은 신종 폭력 사례가 급증하고 있어. 사이버 폭력의 예로는 인터넷이나 핸드폰을 이용한 협박, 비난, 위협, 악성 댓글 달기, 원치 않는 사진이나 동영상 유포하기, 사이버 머니와 아이템 훔치기 등을 들 수 있어. 이 외에도 강간, 성추행, 성희롱과 같은 심각한 성폭력도 심심찮게 나타나고 있는 실정이야.

근래엔 학교 폭력이 양적으로는 다소 줄어드는 추세이지만 여전히 걱정스러운 것은 폭력의 수준이 점점 거칠고 잔인해진다는 점이야. 이런 심각한 폭력은 또 다른 문제로 이어질 수 있기 때문에 더욱 주의가 필요해. 실제로 대한소아청소년의학회의 조사에 따르면 학교 폭력의 피해를 받고 있는 학생들은 그렇지 않은 학생들에 비해 약 3배 정도 더 많이 자살을 생각하고 있는 것으로 나타났어. 자살은 정말이지 절대로 일어나서는 안 될 일이잖아. 학교 폭력이 학교에서 사라지기 위해 꼭 필요한 것 역시 생명감수성이라고 생각해.

스스로 포기하는 생명, 자살

지구에 있는 생명체 중에서 스스로 생명을 포기하는 생명체는 지금까지 알려진 바로는 딱 둘이야. 나그네쥐와 사람. 그만큼 자연 세계에서는 매우 특이한 현상이라는 거지.

레밍(lemming)이라 불리는 나그네쥐는 주로 스칸디나비아반도에 사는데, 2~3년 간격으로 바다에 줄줄이 뛰어드는 습성이 있어. 집단 자살에 대한 초기의 설명은 한편으론 감동적이었어. 먹이는 적고 개체수는 많은 상황에서 자살을 통해 스스로 개체수를 조절하는 종 보존 행동이라고 설명했었거든.

하지만 최근에는 의도적 자살이 아니라는 설명이 더 힘을 얻고 있어. 식물의 50~90퍼센트가 레밍의 식용 범위에 있다는 사실이 밝혀졌기 때문이야. 먹지 못하는 것이 거의 없는 셈이며, 실제로 집단 자살이 일어날 당시에 먹이가 부족한 환경이 아니었다는 게 알려진 거지. 게다가 레밍의 개체수 조절은 집단 자살이 아니라 북극여우와 올빼미를 비롯한 천적에 의해 더 효율적으로 이루어진다는 사실도 밝혀졌어. 그렇다면 진짜 이유는 뭘까? 연구가들은 태양의 활동 변화, 전염병, 신경계 과민 반응 등을 이유로 설명하고 있는데, 아직 확실하게 밝히지는 못하고 있어.

그런데 레밍과 사람의 자살 사이엔 큰 차이점이 하나 있어. 사람에겐 각자 분명한 자살 이유가 있다는 거야. 이유가 있으니 막을 방법도 있겠지. 우리나라가 OECD 국가 중에서 1위를 차지하는 몇 가지가 있는데, 그중 하나가 자살률이야. 우리나라의 자살률은 2010년 이후로 줄곧 1위를 하고 있어. 특히 우려되는 점은 청소년들의 자살률이 매우 높다는 거야. 청소년의 사망 원인 중 1위가 자살이기도 해.* 정말 놀랍고 안타까운 현실이지.

청소년의 자살 이유로는 다음의 몇 가지를 꼽고 있어. 첫째, 학교 폭력과 따돌림. 둘째, 학업 스트레스. 셋째, 가정불화. 넷째, 우울증이나 외상후스트레스장애와 같은 정신적 문제. 다섯째, 멘토

---

* 2023년에 발표한 통계청 자료에 따르면 2021년의 경우 청소년 사망 원인 통계를 보면 자살이 인구 10만 명 당 11.7명으로 1위였고, 2위는 안전사고(3.7명), 3위가 암(2.7명)이었다. 한 해 동안 무려 985명의 청소년이 스스로 생명을 포기한 것이다.

의 부재. 그런데 여기서 중요한 점이 있어. 청소년의 자살은 이와 같은 원인이 복합적으로 작용해 충동적으로 행해진다는 거야.

또한 청소년들의 자살은 가정이나 사회에 도움을 요청하는 간절한 몸부림이라는 점이 중요해. 자살을 시행하기 전에 자살 의도를 직·간접적으로 알리는 행동이 표현되거든. 이때 누군가 절절한 신호를 알아차리고 손을 내밀어 준다면 위기를 넘길 수 있겠지. "작은 관심이 생명을 구한다"는 차원에서 정부에서도 다양한 대책을 마련하고 있어. 자살이 자주 일어나는 지역에 대한 순찰 강화, 자살 수단 및 장소 등에 대한 관리 강화, 자살 시도자 사후 관리, 유족 지원 서비스 확대 등 고위험군 관리 강화, 자살 예방 인식 개선과 생명 존중 문화 조성을 위한 공익광고 제작 및 송출, 종교계와 협업하여 자살 예방 캠페인 실시 등이 그것이야.

그럼에도 그 무엇보다 중요한 것은 자신을 소중히 여기는 마음이라고 생각해. 그 어떤 가치도 나의 생명보다 위에 있지 않으며, 그 어떤 아픔과 고통도 스스로 생명을 포기할 만큼 큰 것은 없다는 마음 말이야. 나는 스스로를 무척 아끼고 사랑하고 있어. 얼굴이 잘생겼냐고? 아니, 평생 단 한 번도 그런 말을 들은 적이 없어. 나는 키가 작고 피부도 까매. 하지만 괜찮아, 그게 나니까. 그리고 세상에 딱 하나뿐인 나니까. 외모를 바꿔서 누구를 닮고 싶지 않아. 그건 내가 나의 일부를 버리는 것이기도 하니까.

물론 나도 많은 이의 사랑을 받고 싶은 사람이야. 간절히. 그래서 더욱 내가 나를 사랑하기로 했어. 내가 나를 스스로 귀하게 여기는 것이지. 나 자신도 사랑하는 않는 나를 누가 사랑해 주지는 않을 테니까. 이렇게 생각하게 된 데는 두 가지 사건이 있었어. 처음은 중학교 때 생물 시간으로 기억해. 우리 친구들도 한 번쯤은 성교육 시간이나 과학 시간에 들은 이야기일 거야. 선생님께서 학생들에게 인간의 탄생 과정에 대한 설명을 하시면서 난자와 정자가 만나 수정란이 만들어지는 것이 출발인데, 아버지께서 어머니께 전해 준 3억 개의 정자 중 하나, 곧 3억 분의 1의 확률을 뚫고 우리가 이곳에 있다는 말씀을 해 주신 거야.

3억 분의 1이 말이 쉽지, 살다 보면 2분의 1 확률조차 연거푸 맞기 어렵잖아. 시험을 볼 때를 생각해 봐. 답을 알 수 없어서 5개의 선택지 중에 아무거나 하나를 정했어. 이때 맞을 확률은 5분의 1인데, 그 확률조차 맞추기가 얼마나 힘든지 잘 알 거야. 3억 분의 1은 우리나라 인구 약 5천만 명의 6배 중 1명을 뽑을 때 그 한 사람이 내가 될 확률과 같으니까, 정말 엄청나지?

근데 이 확률이 다가 아니잖아. 나는 상상력을 더 발휘해 보았어. 내가 태어날 확률을 구할 때 고려해야 할 것이 많더라고. 부모님이 결혼해서 함께 지낸 수많은 날 중에 내가 만들어질 딱 그날의 확률을 계산해야 하잖아. 거기에 고려해야 할 굵직한 것이 또더 있지. 지구에 있는 그 많은 사람 중에 두 분이 만나 결혼할 확률

을 보태야 해. 그리고 이런 식으로 현생 인류의 조상까지 적어도 수만 년을 거슬러 올라가야 하겠지. 우와, 까마득한 확률이지?

그 수많은 순간들 중에 단 한 번이라도 어긋나면 '나'라는 생명은 존재하지 않았을 거야. 기적과 같은 일이지. 내가 있고, 내 친구가 있고, 내 이웃이 있다는 것은 내게, 내 친구에게, 나의 이웃에게 이와 같은 기적이 일어났다는 뜻이야. 내가 있기 전에 또 다른 내가 있지 않았으며, 내가 죽은 뒤에 또 다른 내가 있을 수 없어. 나는 나라는 딱 하나밖에 없는 존재인 거야. 내가 그렇고, 네가 그러하며, 모든 이가 그렇지. 모든 인간이 똑같이 소중한 이유야.

자살, 얼마나 힘들었으면 스스로 생명을 포기했을까 싶어서 안타까운 마음이 들어. 그리고 화도 나. 청소년 자살의 가장 큰 이유가 학교 폭력과 따돌림이기 때문이야. 한편 희망이 보이기도 해. 막을 수 있겠다는 희망 말이야. 폭력을 휘두르는 대신 따뜻한 손길을 내밀어 주고, 따돌리는 대신 안아 주는 길이 분명 있으니까. 세상이 그렇게 바뀌면 되니까. 어찌 보면 폭력보다, 따돌림보다 더 쉬운 길일 수 있어. 우리 그럴 수 있지 않을까? 모두 친구잖아. 이 사실만큼은 절대로 잊지 말기 바라.

'다름'과 '관계'를 알면
생겨나는 소중함

자연 속에서 같으면서 다른 우리

소나무를 모르는 사람은 없을 거야. 모두 소나무를 알아. 소나무를 안다는 것은 소나무와 다른 나무를 구별할 수 있다는 뜻이야. 내가 사는 곳은 산으로 둘러싸여 있어. 이웃의 산을 지키는 나무는 거의 소나무야. 더러 차들이 지나는 찻길 바로 옆인데도 산속으로 몇 걸음 들어서면 또 느낌이 사뭇 달라. 소나무 숲 사이를 지나는 솔바람이 정말 상큼하지. 같은 잎도 햇살이 닿는 각도에 따라 푸름의 옅고 짙음이 변하거든. 너무 강한 빛은 푸름을 들뜨게 해. 오히려 막 떠오른 아침 햇살이나 서산으로 기울어지기 직전의 햇살이 솔잎의 푸름에 기품을 더할 때가 많아. 솔잎 사이로 내리는 빛에 기대어 오래도록 앉아 있으면 햇살이 스스로 돌며 얼굴 정면에 닿았다가 뺨을 비춰 주다가, 이어 등을 간질이곤 하지.

햇살이 내게 그리하듯 나도 수천 그루의 소나무 하나하나에 골고루 눈길을 주다가 지금껏 놓치고 살았던 무엇 하나를 알게 되었어. 틀림없이 같은 종의 소나무이지만 소나무마다 다 다르며, 똑같이 생긴 소나무는 없다는 사실이야. 지금껏 볼 만큼 보았고, 그때마다 소나무는 모두 같다고 여겼었거든. 그런데 아니었던 거야. 숲에 같은 소나무는 없어. 모두 다른 모습이야. 키가 다르고, 키가 비슷하거나 같다 해도 줄기의 구부러진 방향과 정도가 다르고, 줄기가 구부러짐 없이 곧게 뻗었어도 두께와 가지를 친 위치가 다르고, 가지 또한 구부러진 정도와 길이가 다 달라.

생각해 보니 서로 다른 것이 당연해. 한 줄기 빛이라도 더 많이 받을 수 있는 길을 찾는 것이 나무의 특성이잖아? 그래서 줄기는 하늘을 향해 곧게 높이 자라지. 그런데 키를 키우는 것만으로는 부족하니까 동시에 하는 일이 있어. 가지를 옆으로 넓게 펼치는 거야. 위와 옆, 그리고 위와 아래 사이에서 균형을 잡는 것이 중요해. 그래야 나무에 달린 잎 하나하나가 한 줄기 빛이라도 더 만날 수 있으니까. 그렇게 나무는 나름 자기만의 꼴을 갖춰 가는 거지.

자연 속에서 말고 토양 조건이 같은 평지에 거리를 충분히 두고 같은 종류의 나무를 심으면 나무의 모습이 거의 비슷해져. 그런데 실제 산속은 평지가 아니며, 나무와 나무 사이의 거리도 다르고, 나무마다 서 있는 곳의 형편이 모두 달라. 산이니까 경사면이 많잖아. 경사면이 어느 쪽을 바라보고 있느냐에 따라 빛이 닿는 차이도 커지지. 오전에 빛이 잘 드는 곳이 있고 오후에 빛이 잘 드는 곳이 있으며, 하루 종일 빛이 잘 드는 곳이 있고 하루 종일 빛을 만나기 어려운 곳도 있어. 빛이 잘 드는 곳에 있는 나무는 키를 키우는 동시에 옆으로도 가지의 세력을 키워 나갈 거야. 빛을 덜 받는 곳에 있는 나무는 어쩔 수 없이 키를 키우는 데 힘을 쏟을 테고. 이때 위쪽으로 키만 키우다 보니 아무래도 줄기는 홀쭉해질 수밖에 없어. 이웃 나무와의 거리가 빠듯해서 빽빽이 서 있는 나무 역시 빛을 조금이라도 더 만나려면 주로 위쪽으로 자라야 해. 줄기가 튼실하지 못하고 홀쭉하기는 마찬가지야.

뿐만 아니라 이웃과의 관계도 저마다 다른 영향을 미치지. 줄기가 곧게 자라다가도 이웃 나무 또는 바위 같은 지형 때문에 어쩔 수 없이 휘기도 하고 비틀어지기도 하거든. 줄기뿐만 아니라 가지의 형편도 다르지 않아. 여기서 끝이 아니야. 줄기와 가지가 일정한 형태를 갖추었어도, 또다시 변할 요소는 얼마든지 있어. 모질고 거친 바람이 몰아치면 줄기는 바람의 세기만큼 휠 수밖에 없잖아. 휠대로 휘다 원래의 위치로 온전히 돌아오기도 하지만 그렇지 못할 때도 있어. 바람이 더 강해지면 가지가 구부러지는 수준을 넘어 꺾이고, 부러지고, 잘려 나가고, 찢어져 나가기도 해.

더군다나 폭설이 내리면 숲에서는 나뭇가지의 통곡 소리가 나. 눈의 무게, 더군다나 녹기 시작하는 눈의 무게는 엄청나거든. 그 무엇으로도 부러뜨리기 어려워 보이는 두꺼운 가지들이 쩍쩍 갈라지며 부러지는 것을 많이 보았어. 그렇게 나무는 저마다 나름의 꼴로 살아가. 똑같은 은행나무가 없고, 똑같은 느티나무도 없어.

풀꽃도 마찬가지야. 봄날 들녘에는 냉이가 지천이지. 분명 냉이지만 같은 냉이는 없어. 하지만 몇 가지 특징을 공유하기에 서로 다르지만 우리는 모두 냉이라고 부르는 거야.

갈매기처럼 수만, 수십만 마리의 새들이 좁은 공간에 다닥다닥 붙어 번식할 때 우리 눈에는 모두 같아 보이지만 저들은 제 짝을,

제 새끼를 또렷이 구분해. 언뜻 보아서 그렇지 세세히 보면 모두 다르거든. 새를 오래 관찰하다 보면 울음소리를 듣고서 누구의 소리인지 알 수 있어. 꾜르르르르르르, 꾜르르르르르르 울면 호반새, 뚜루루루루루르, 뚜루루루루루르 울면 두루미야. 우리는 개체의 차이를 구분하지 못하지만 저들은 소리로 제 짝과 제 새끼를 정확히 구분해. 공통의 특징은 있지만 소리가 저마다 같은 듯 다르기 때문이지.

인간도 마찬가지야. 머리, 얼굴, 목, 몸통, 두 팔, 두 다리가 있잖아. 얼굴에는 눈이 둘, 코 하나에 콧구멍은 둘, 그리고 입이 있어. 이것이 공통의 특징이야. 하지만 똑같은 사람은 없어. 일란성 쌍생아마저 얼핏 보면 같으나 자세히 보면 뭐 하나라도 다르잖아. 같은 옷을 입고 같은 머리 모양을 하고 있어도 부모는 누가 형이고 동생인지, 누가 언니고 동생인지 금방 알아차려. 인간도 저마다 다르니까. 그중 피부색도 마찬가지야. 피부색이 밝은 사람이 있고, 어두운 사람이 있고, 그 사이의 어떤 색을 지닌 사람도 있어. 그저 피부색이 다를 뿐 똑같은 인간이야. 얼굴이 다른 것을 인정한다면 피부색이 다른 것 또한 인정하지 못할 이유가 없지. 모두 존귀한 존재야. 하지만 단지 피부색이 다르다는 것 하나로 흑인들은 오랜 시간 동안 차별의 고통 속에 살았었어. 흑인은 오래도록 동물을 뜻하는 비스트(beast)라 불렸고, 유색인에 대한 차별도 만만치 않았지. 현재도 인종차별 문제가 지구에서 완전히 사라진 것은 아니야. 다름을 나쁨으로 잘못 생각한 결과인 것이지.

숲을 다시 둘러보니 더 또렷이 보여. 세상에 똑같은 나무는 없어. 서로 처지가 다르고 이웃과의 관계가 달라. 이웃과는 어쩔 수 없이 경쟁하지만 다툼만 있는 것이 아니라 배려도 있고 양보도 있지. 그 속에서 나무는 저마다 하나뿐인 존재로 살아가. 다르기 때문에 고유하고, 그러면서도 조화로우니 아름다운 거였어. 우리도 자연처럼 다름을 인정하고 살아가면 어떨까?

먹이사슬은 관계성이야

지구에는 다양한 생명이 있어. 2022년 현재, 국제자연보전연맹 (IUCN)에 등재된 생명체는 약 212만 종이야. 학명이 부여된 종이 그만큼이라는 뜻이지, 아직 발견되지 않은 종도 많아서 실제로 지구에 서식하는 생명체는 최소 300만 종에서 최대 1억 종에 이를 것으로 추정하고 있어. 중요한 점은 이들이 서로 연결되어 있다는 거야. 서로 의존적이라는 뜻이기도 해. 생물학적으로는 누가 높고 누가 낮지 않아. 서로 연결되어 있으니까.

연결이 때로 먹고 먹히는 관계로 표현될 때가 있어. 먹이사슬이라 부르지. 어릴 때 시골 외가에서 지내며 먹이사슬이 어떻게 작동하는지 직접 볼 기회가 많았어. 섬서구메뚜기는 콩잎을 갉아 먹고, 벼메뚜기는 벼를 갉아 먹어. 섬서구메뚜기와 벼메뚜기를 참개구리가 긴 혀를 쑥 뻗어 잡은 뒤 곧바로 꿀꺽 삼키지. 물로 뛰어 들어 느긋하게 뒷다리까지 늘어뜨리고 쉬고 있는 참개구리를 가물치가 덥석 물어. 꼼짝도 하지 않고 내내 기다리던 왜가리가 구부렸던 긴 목을 쭉 펴고선 칼날 같은 큰 부리로 가물치의 몸통을 관통해 버리지. 그리곤 팔뚝만 한 가물치를 머리부터 삼키기 시작해. 그럼 왜가리의 가느다란 목이 터질 듯 부풀어 오르지. '저것을 어떻게 넘기지?' 싶지만 왜가리의 가늘고 기다란 목을 따라 가물치가 꿈틀꿈틀하며 내려가. 가물치의 움직임이 멈추면 잠시 고요함이 흐르지. 그마저 잠시일 뿐이야. 물가 풀숲을 소리 없이 지나온 삵이 갑자기 튀어 오르며 왜가리를 덮쳐. 목을 물린 왜가리의 몸에서 힘이 빠지기까지는 그리 오랜 시간이 걸리지 않아.

먹이사슬에서 놓치지 말아야 할 것이 있어. A가 B를 먹는다 하여 A가 B보다 높은 지위에 있진 않다는 거야. 앞의 먹이사슬에서 삵이 최고 상위 포식자라고 말하지만, 삵이 최고의 지위에 있는 것은 아니라는 거야. 삵도 결국 죽잖아. 사체는 미생물에 의해 분해돼 결국 콩과 벼의 일부가 되고 말이야. 먹이계단이 아니라 먹이사슬이야. 사슬이니 순환해. 순환은 단절이 아니라 연결이고.

모든 생명은 연결되어 있어

동물과 식물의 관계에 대해 조금 더 들여다볼게. 동물은 식물을 먹고, 식물은 동물에 먹혀. 분명한 사실이지. 그렇다고 식물과 동물의 관계를 먹고 먹히는 관계로만 볼 것은 아니야. 동물은 움직이는 길을 선택했고, 식물은 움직이지 않는 길을 선택했어. 서로 반대의 길을 간 것이지. 그럼에도 동물과 식물은 서로 의지해. 저들은 이미 공존의 길을 찾았어. 세상에 소비자인 동물만 있다면, 세상에 생산자인 식물만 있다면 얼마나 질서가 유지될 것 같아? 어쩌면 서로 반대의 길을 간 것이 상생의 열쇠였는지도 몰라.

식물은 이산화탄소와 물로부터 빛에너지를 이용하여 탄수화물을 만들어. 광합성이라 부르는 과정으로, 무에서 유를 창조하는 것과 다르지 않아. 그 과정에서 산소도 발생하지. 스스로 양분을 만들어 낼 수 없는 동물은 식물이 스스로 만든 탄수화물을 먹고 살아. 또한 식물이 만들어 내는 산소로 호흡하고 이산화탄소를 발생해. 식물은 그 이산화탄소를 원료로 다시 탄수화물과 산소를 만들어 내고. 그야말로 돌고 돌아. 식물의 일부가 동물이 되고, 동물의 일부가 식물이 되는 셈이야. 넓게 말하면 식물이 동물이고, 동물이 식물이야. 모든 생명은 서로 연결되어 있어. 세상에 홀로 설 수 있는 생명은 없다는 뜻이기도 해.

3장

생명감수성을
키우고 싶다면…

다가섬이
시작이야

생명감수성을 키운다는 것은 어떠한 생명이든, 즉 인간이든, 동물이든, 식물이든, 심지어 미생물이든 간에 그들의 존엄성과 소중함을 가슴에 새기는 것과 같아.

생명에 대한 존엄성을 느끼려면 우선 생명을 만나야 하겠지. 생명을 만나는 길은 크게 두 가지야. 저들이 내게 오는 방법이 하나이고, 또 다른 하나는 내가 저들에게 다가가는 것이지. 우리에겐 두 길 중에 생명이 내게 오기를 바라기보다는 저들에게 다가서려는 마음이 필요해. 자연이 품은 생명은 스스로 내게 오지 않거든.

고맙게도 내게는 어릴 적부터 자연에 깃들인 생명과 친해질 기회가 많았어. 초등학교와 중학교 시절에는 방학만 되면 시골 외가에서 생활했거든. 물론 무엇이 가까이 있다고 해서 모든 사람들이 다가서지는 않아. 지금 내가 사는 곳은 수려한 자연환경을 품은 국립공원에서 꽤 가깝거든. 차로 10분이면 닿는 거리니까. 그런데 이웃 사람들 중에 그 아름답고 뭇 생명이 깃들인 곳에 발 한 번 딛지 않고 살아가시는 분들도 무척 많거든. 우리 친구들 중에도 그런 경우가 있을 거야.

소중한 무엇이 가까이 있어도 다가서지 않으면 없는 것과 같아. 국립공원 곁에 살아도 그 안까지 들어서지 않으면 도심 한복판에 사는 것과 다르지 않다는 것이지. 하지만 다가설 마음은 있는데 나의 모든 생활이 도심에만 한정되어 있어서 자연이 너무 먼 친구들도 분명 있을 거야. 그런 친구들은 어떻게 하면 좋을까? 우선 나의 이야기를 먼저 들려줄 테니 참고해서 대안을 찾아보도록 하자.

동물에 다가서려면

내가 어릴 적에 경험한 외가댁은 한마디로 동물농장이었어. 가장 먼저 떠오르는 친구는 소야. 소를 대하는 외할아버지의 모습을 눈여겨 볼 수 있었음에 감사해. 가까이서 지켜보는 것도 다가섬의 한 방법이니까. 할아버지는 소를 무척 아끼셨어. 사람과 동물이 친구가 될 수 있다는 생각이 들 만큼.

소 다음으로 떠오르는 동물 친구는 닭이야. 할아버지께서는 해마다 서른 마리 정도를 키우셨어. 암탉이 알을 품는 모습이 가장 생각나. 암탉은 알을 품기 시작하면 둥우리에서 거의 내려오지를 않아. 한 달을 품는다고 들었어. 하루는 그 모습을 꼬박 지켜본 경험이 있거든. 딱 한 번 둥지를 나서서 날갯짓 몇 번 한 뒤 마당으로 나가 잠깐 먹이를 먹고는 다시 둥우리로 들어가더라고. 생명이 쉽게 태어나는 것이 아니라는 걸 그때 또렷이 본 셈이지. 방학과 시기가 맞지 않아서 한 달 품기의 결과인 병아리의 탄생은 두 번밖에 만나지 못했어. 그럼에도 그 귀여움에 대한 기억은 선명해. 세상의 모든 색을 한몸에 두른 그 작고 깜찍한 병아리들이 '삐약삐약' 소리를 내며 엄마를 졸졸졸 따라다니는 모습은 귀여움으로 친다면 최고가 아닐까 싶어.

그 다음 동물농장의 식구는 돼지야. 외양간은 집 안에 있었지만 돼지우리는 바깥마당 가장 먼 구석 쪽에 있었어. 검은색의 토종 돼지였는데, 먹성이 정말 대단했어. 무엇이든 잘도 먹어치웠지. 돼지는 밖으로는 나오지 않고 언제나 우리 안에만 있었기 때문에 사귈 기회가 거의 없었어. 냄새가 좀 심하게 나기도 했고. 그런데 어느 해인가는 열두 마리의 새끼를 낳아 젖을 물리고 누워 있는 모습을 보았는데, 무척 아름다웠어. 겉모습이 그리 중요한 것은 아니라는 생각이 그날로부터 싹텄지.

그 다음은 강아지와 고양이가 떠오르네. 집마다 개와 고양이를 한 마리씩은 키우던 시절이었어. 대부분의 시골이 그랬지. 강아지 와는 친구처럼 지냈지만, 고양이와는 친구까지 되지는 못했어. 고양이는 곁을 잘 주지 않았거든. 시간을 두고 차분히 다가갔다면 친구가 되었겠지만 그땐 방법을 몰랐기에 아쉽게도 그렇게 되지 못했어.

이 정도가 끝이라면 동물농장이라는 표현까지는 사용하지 못했을 거야. 마당 너머 집 밖으로도 생명의 세상이 이어졌거든. 논 한가운데에 있는 집이다 보니 집 밖은 모두 논이었어. 마당에서

논둑을 지나 조금 떨어진 곳에 엄청 큰 저수지가 있었는데, 저수지 둑길로 들어서면 가장 먼저 나를 반기는 건 메뚜기였어. 당시 콩메뚜기라 불렸던 섬서구메뚜기가 가장 많았지. 열 걸음에 한 번 정도는 손가락보다 큰 크기의 멋진 방아깨비를 만날 수 있었어. 기다란 뒷다리 2개를 함께 잡으면 몸을 위아래로 까딱까딱 움직여 진짜 방아를 찧는 모습으로 보였는데, 그게 참 신기했지.

잠자리는 하늘을 가득 메우기도 했고, 풀잎에도 많이 앉아 있었어. 이름을 알 수 없어 무척 답답했지만 실처럼 가느다란 모습의 깜찍한 실잠자리도 여러 종류가 있었지. 저수지 둑길에는 귀엽기 짝이 없는 청개구리도 많았어. 청개구리는 가까이 가도 별 움직임이 없어서 모습을 자세히 볼 수 있어 좋았지. 물 가장자리에는 참개구리가 줄줄이 앉아 있었고.

물 가장자리로 조금 더 내려가면 또 다른 세상이 펼쳐졌어. 아주 작은 크기에서 엄지손가락 크기에 이르기까지 다양한 크기의 물방개가 휙휙 지나다니는 거야. 뿐만 아니야. 물풀 더미를 조금 끌어올리면 게아재비, 장구애비, 물자라, 송장헤엄치게는 물론 지금은 멸종 위기 야생 동물로 지정된 물장군까지 어렵지 않게 만날 수 있었지. 습지라서 물고기도 엄청 많았어. 물고기를 가까이서 볼 수 있었던 것은 색다른 경험이었지.

저수지엔 물에 기대어 사는 새도 많았어. 지금은 멸종 위기종이 되어 버린 뜸부기도 그때는 논이나 저수지에서 쉽게 만날 수 있을 정도로 흔했으니 말이야. 가장 고마운 것은 저수지는 물만 고여 있는 곳이 아니라 뭇 생명이 복잡하게 얽혀 살아가는 공간이라는 사실을 알아채기에 넉넉했다는 거야.

그것만으로도 고마운데 넘치는 기쁨이 또 있었어. 갯벌 또한 집 가까이에 있었다는 점이지. 갯벌은 민물을 담고 있는 저수지와 사뭇 다른 세상이었어. 맞아, 민물에 사는 물고기와 바닷물에 사는 물고기는 많은 부분이 달랐어. 하지만 모두 물고기라는 점에서는 같다는 것도 분명했고. 이러한 직접적인 만남은 생명의 다름과 차이에 대한 섬세함과 너그러움이 커지는 계기가 된 것 같기도 해.

생명을 바라보는 마음이 중요해

시골에서의 모든 순간이 생명감수성을 키울 수 있기에 충분했지만, 특히 동물에 대한 생명감수성이 어떤 모습이면 좋겠다고 생각하게 된 결정적인 계기는 외할아버지께서 소를 어떻게 돌보시는지, 소에게 어떻게 다가서는지에 관심을 두면서부터였어. 그래서 외가에서 만난 동물 중에 가장 먼저 떠오르기도 했을 거야.

할아버지의 소에 대한 사랑은 특별함을 넘어 각별했어. 가장 마음을 쓰셨던 것은 소의 먹을거리였지. 정말 온 정성을 다하셨거든. 여름이면 아침마다 풀을 산더미처럼 지게에 이고 와 쏟아 주셨어. 새벽부터 풀을 베러 나섰던 터라 할아버지의 바지는 항상 이슬에 흠뻑 젖어 있었지.

풀을 내려놓으시면 바로 세수를 하셨어. 소금을 두 번째 손가락과 세 번째 손가락에 묻혀 이를 몇 번 쓱쓱 닦으셨지. 이어서 당신의 얼굴은 비누칠도 없이 두세 번 양손으로 물을 퍼 씻는 것이 전부였어. 1분이나 걸렸을까. 그런데 소는 날마다 적어도 1시간씩 빗질해 주셨어. 오후에는 소를 직접 데리고 나가 스스로 풀을 뜯어 먹게도 해 주셨고. 정성스런 빗질로 소의 털에서는 언제나 윤기가 흘렀지. 여름이든 겨울이든 외양간은 언제나 청결했고.

푸르른 풀이 없는 겨울이면 날마다 소죽을 쑤셨어. 할아버지는 안방 벽에 걸려 있는 괘종시계가 '땡, 땡, 땡, 땡, 땡' 다섯 번 울리면 일어나셨지. 새벽 5시. 서울에서보다 훨씬 일찍 잠든 나도 할아버지의 기척에 눈을 뜨곤 했어. 내가 아는 한 할아버지는 아무리 추운 날이어도, 마을이 고립될 정도로 폭설이 내린 날도 소죽 쑤는 일을 거르신 적이 없었어. 1시간이 조금 더 지나 솥뚜껑이 열리면 무척 구수한 냄새가 사방으로 퍼졌지. 몇 번은 먹어 보고 싶은 적도 있었을 만큼 좋았던 거로 기억해. 소죽을 먹는 소의 모습은 엄청 행복해 보였어. 그 모습을 흐뭇하게 지켜보는 할아버지의 표정은 더 행복해 보였고.

어느 겨울, 소가 송아지를 낳았어. 소는 보물과 다르지 않았으니 더없는 경사였지. 무척 추운 날이었는데 할아버지는 이틀 동안 방에 들어오지 않으시며 함께했고, 마침내 엄마를 닮아 건강하고 예쁜 암송아지를 받아내셨어.

쟁기를 소의 몸에 두르고 땅을 갈 때 할아버지와 소는 마치 한 몸처럼 움직였어. 소를 다그치지 않으셨고 소의 흐름을 따라 주셨지. 언제 쉬게 해 주어야 하는지, 언제 '이랴~' 소리로 힘을 북돋아 주어야 하는지 정확히 아시는 듯했어. 일이 다 끝나면 애썼다며 찬찬히 몸을 쓰다듬어 주는 것도 잊지 않으셨고.

할아버지께서 내게 보여 주신 모습은 사람이 동물을 어떻게 대하면 좋을지에 대한 바탕이 된 셈이지. 내가 초등학교 3학년 때 정도니까 할아버지께서 한창 소를 돌보시던 시절은 1969년 즈음일 거야. 그로부터 약 10년의 시간이 흐른 1979년경에 영국의 농장동물복지위원회(Farm Animal Welfare Council : FAWC)는 동물이 누릴 '다섯 가지 자유(Five Freedoms)'를 발표해. 인간의 간섭을 받는 동물에 대한 다섯 가지 지침인 셈이지.

① 배고픔과 갈증으로부터의 자유(freedom from hunger and thirst)
② 불편함으로부터의 자유(freedom from discomfort)
③ 통증, 부상과 질병으로부터의 자유(freedom from pain, injury or disease)

④ 정상적 행동을 표현할 자유(freedom to express normal behavior)

⑤ 공포와 고통으로부터의 자유(freedom from fear and distress)

'다섯 가지 자유'를 보고 무척 놀랐어. 할아버지께서 소에게 향했던 마음을 그대로 정리한 것과 다르지 않았기 때문이야.

어느 덧 다섯 가지 자유가 발표된 지 40년이 넘는 시간이 흘렀어. 그럼 현재 동물은 다섯 가지 자유를 잘 누리고 있을까? 아니, 안타까움과 아쉬움만 산더미처럼 쌓여 있는 것이 현실이야. 여전히 우리 주변엔 반려동물의 유기, 야생 조류의 유리창 충돌 사고, 멸종 위기에 처한 동물들, 찻길 동물 사고, 동물을 죽이는 동물 축제, 동물의 복지 또는 동물권의 침해 문제, 실험을 위해 죽어 가는 수많은 동물, 건강함에도 전염병이 발생한 농장으로부터 3km 안에 있다는 이유로 살처분을 당하는 동물 문제 등이 있거든. 인간과 동물들을 위해 해야 할 일은 분명히 있는데 하지 않아서 그래.

알아가는 것이 다가섬의 시작이야

동물들에게 다가서는 방법엔 무엇이 있을까? 아마도 대부분의 친구들은 이렇게 말할 거야. "다가섬, 좋지요. 저도 다가서고 싶어요. 그런데 저는 도심에 살아요. 시골에 외가도 없어요. 시간도 없고요. 다가섬 또는 다가감이 시작인 것은 알겠는데, 그 시작조차 시작할 수 없으니 어쩌죠?"

그래, 우리 친구들의 상황을 잘 알아. 온통 주변이 자연이었던 나의 어릴 적과는 좀 다른 환경에서 살아가는 친구들이 많다는 걸 말이야. 나는 어릴 때뿐만 아니라 어른이 되어서도 자연이 품은 동물에 다가설 기회가 많았어. 곤충을 비롯한 무척추동물과 어류, 양서류, 파충류, 조류, 포유류를 포함한 척추동물까지 다양한 분류군의 동물을 만났고, 지금도 만나고 있어. 이웃에 가까이 있는 생명도 만나지만 아주 먼 곳으로 찾아가 만날 때 또한 많아. 두루미를 만나기 위해 철원에 가고, 점박이물범을 만나기 위해 서해 최북단 섬 백령도에 가고, 산양을 보기 위해 설악산 벼랑 끝까지 올라서지. 적어도 6시간 넘게 걸리는 먼 곳들이야. 나라를 오가는 동물도 있어서 더러는 외국에도 나가고 있어. 하지만 우리 친구들이 나처럼 살 수는 없을 거야. 그럼 다가섬의 길이 막힌 걸까? 아니, 그렇지 않아. 길이 다 막힌 것은 아니야. 간접적인 다가섬의 길은 아직 열려 있으니까.

나의 어린 시절에는 동물 관련한 책 하나 제대로 된 게 없었어. 뭇 생명과 놀았다고 했잖아. 그래서 재미는 있었는데, 한편으론 무척 답답하기도 했었어. 그 많은 생명들의 이름 하나 제대로 아는 것이 없었거든. 계속 보다 보니 이 잠자리와 저 잠자리가 다른 것은 알겠더라고. 이 나비와 저 나비가 다른 것도, 이 메뚜기와 저 메뚜기가 다른 것도, 이 물고기와 저 물고기가 다른 것도, 이 새와 저 새가 다른 것도 알겠고. 그러니 이름도 다르겠지 하고 생각만 할 뿐이었어. 이름을 물어볼 사람도 없고 책도 없었거든.

하지만 지금은 어떻지? 관심을 조금만 기울이면 서점이나 도서관에서 관련 책을 찾아서 볼 수 있어. 인터넷에 접속해서 찾아봐도 되지. 우리 친구들은 대부분 스마트폰이 있잖아. 각종 분류군별로 자료가 넘쳐나고 있어. 책과 영상 자료를 통해 세상 모든 동물을 만날 수 있는 세상이 된 거야.

결국 동물이라는 생명에 다가설 마음이 있느냐 없느냐가 중요할 뿐인 거야. 언제든 활짝 열려 있는 간접적인 다가섬의 세상에 꼭 들어가기 바라. 알게 되면 관심이 생기고, 계속 보고 싶어지니까 보호하고 싶어지지. 나 역시 새를 관찰하면서 새들에 대한 애정이 더욱 생겨났고, 멸종되어 가는 생명을 지키는 일에도 큰 목소리를 내게 되었거든.

다가섬의 방법으로 또 하나 추천하고 싶은 것은 다큐 프로그램을 보는 거야. 수준 높은 다큐멘터리가 얼마나 많은지 몰라. 나는 어릴 적에 〈동물의 왕국〉을 엄청 좋아했었어. 우리 가족 3대가 함께 신기해하고 행복해하며 보던 텔레비전 프로그램이었지. 우리나라에서 생명감수성, 특히 동물에 대한 감수성을 가장 크게 키워준 영상 프로그램이라고 생각해. 간접적인 다가섬의 대표적인 예라 할 수 있겠네.

지역마다 있는 생태관, 과학관, 체험관, 박물관, 생태공원을 찾아가는 것도 추천하고 싶어. 의외로 찾아보면 '이렇게 많았나?' 싶을 정도로 지역마다 잘 조성되어 있거든. 찾지 않아서 보이지 않았을 뿐이야. 대중교통으로 가기 어려운 곳이라면 부모님께 부탁드리면 기뻐하시며 함께해 주실 거라 믿어. 생명감수성 관련하여 특별 프로그램도 수시로 진행하니까 꽤 도움이 될 거야. 이때 하나만 기억해 줘. 습지나 생태공원을 찾아갈 땐 주의할 점이 있어. 그곳은 우리 인간을 위해서 만든 장소가 아니라는 점이야. 그러니 목소리는 최대한 낮춰야 하고, 쿵쾅거리지 말라는 안내 사항이 있으면 잘 따라야 해. 동물들이 놀라지 않도록 말이야.

그리고 환경운동에 동참해 보는 것도 생명감수성을 키우는 방법이 될 거야. 동물보호협회의 봉사활동에 참여하거나 습지 보호 캠페인 등에 동참해 보는 것도 좋겠지. 만약 시간을 내어 활동하기가 힘들다면 관련된 책을 읽는 것도, 캠페인을 개인 SNS에 소개하는 것도 좋은 방법이야. 우리 주변에 함께 숨 쉬고 있는 생명을 보호하는 일에 관심을 갖는다는 것 자체가 다가섬의 좋은 시작이거든. 직접적 또는 간접적으로 동물에 다가서는 방법이 생각보다 다양해서 놀랍지?

식물에 다가서려면

초등학교와 중학교 시절, 방학이 되면 시골 외가에 가서 내내 지냈다고 했잖아. 동물처럼 식물과의 만남에 대한 기억도 그때부터가 시작인 것 같아.

여름방학에 버스에서 내리면 탁 트인 녹색의 평원이 나를 맞이

했어. 나의 키만 한 벼가 끝없이 서 있는 모습을 보는 것만으로도 가슴이 뻥 뚫리는 느낌이 들었지. 식물에 대한 첫 느낌은 파릇함과 싱그러움 그 자체였어. 겨울 방학이면 추수가 끝나 녹색에서 갈색으로 바뀌었어도 막힘없는 시야가 주는 시원함은 여름이나 가을이나 크게 다르지 않았지. 당시 서울의 우리 집은 옆집과 다닥다닥 붙어 있어서 사방이 꽉 막힌 느낌이라 더 그랬나 봐.

식물은 주로 먹을거리로 만났어. 밥상에 오르는 모든 식재료는 밭에서 일군 것이었지. 텃밭에는 정말 없는 것이 없었어. 고추, 대파, 쪽파, 마늘, 생강, 양파, 상추, 오이, 늙은 오이, 가지, 당근, 무,

배추, 늙은 호박, 애호박… 시장에 가서 사야 하는 것을 밭으로 나가 따 오거나 뽑아 오고, 마늘이나 양파처럼 이미 수확한 것은 '광'이라 불렀던 곳간에서 가져오면 되는 생활이 엄청 신기했어.

신기함을 넘어 소중한 마음도 있었어. 무엇을 먹든 할머니께서는 항상 고마워하며 드셨거든. "그저 씨앗 하나 심었을 뿐인데 이처럼 풍성하고 귀한 음식이 되어 준다"는 말씀을 자주 하셨어. 나도 그 말씀을 마음에 새겼지. 식물은 싱그러운 존재, 그리고 고마운 존재로 자리 잡았어. 고마운 존재였으니 함부로 대할 수 있는 대상은 이미 아니었고.

식물을 가까이 다가서서 자세히, 그것도 날마다 볼 수 있었던 건 무척 소중한 경험이었지. 식물의 잎이 종류마다 다르다는 것을 그때 알았어. 생김새, 빛깔, 잎맥이 서로 많이 다르다는 것도 그때 알았고. 꽃 또한 꽃마다 다르다는 것을 그때 알았어. 그리고 어떤 생김새든, 어떤 빛깔이든, 어떤 크기든 모두 아름답다는 것도 알게 되었고 말이야.

무엇을 날마다 가까운 거리에서 자세히 보는 것이 소중한 까닭은 과정을 알게 해 주기 때문이야. 특히 변화의 과정을 알게 해 주지. 또한 세상에는 한순간에 뚝딱 되는 것이 없다는 걸 알게 해 주었어. 씨앗에서 싹이 트고, 잎이 나고, 꽃이 피기까지는 시간이 필요하더라고. 변화에는 언제나 그렇게 시간이 필요한 거였어.

의식주와 연결되는 관계

식물에 대한 고마움이 먹을거리로 그치지 않는다는 점도 중요해. 가장 먼저 떠오르는 것은 벼야. 벼는 쌀을 얻기 위해 심는 소중한 식물이지만, 그게 전부가 아니거든. 벼 이삭을 털어낸 볏짚은 당시 가장 중요한 땔감이었어. 하루 세 끼 밥을 짓고, 추운 겨울 방을 따듯하게 덥히는 것 모두 볏짚을 태우는 것으로 가능한 일이었으니까. 뿐만 아니야. 볏짚은 새끼줄과 가마니를 비롯하여 다양한 생활용품을 만드는 소중한 재료이기도 했지.

여름방학이면 텃밭에 무궁화를 닮은 꽃이 피어 있었어. 옅은 노란색 또는 분홍색 꽃을 피우는 목화였지. 처음에는 목화를 보면서 그게 솜이 될 줄은 상상도 못했었어. 그러다 어느 해 가을에 추석을 맞아 들렀다가 목화의 실체를 알게 되었지. 열매가 익어 네 갈래로 터지며 솜뭉치가 탐스럽게 달리더라고. 겨울방학 때 덮고 자는 이불이 바로 그 솜으로 만들어졌던 거였어. 그 사실을 알고 얼마나 신기하던지!

당시 시골엔 근처에 구멍가게도 없었으니 주변에 병원은 생각도 못했던 시절이야. 1시간 넘게 걸어서 면소재지로 나가야 병원이 있었는데 어지간해서는 찾지 못할 만큼 병원의 문턱이 높았었지. 여름이면 한 번씩 배탈이 나서 복통, 구토, 설사로 무척 힘들었어. 집에는 약방에서 파는 약은 없었고, 대신 할머니께서 약을 주셨지. 주변에 있는 식물이 모두 약이라고 하시면서 말이야. 배탈이 나면 민들레나 고들빼기 삶은 물을 마시며 진정되기를 기다렸어. 겨울이면 고뿔이라 불렀던 감기에 또 걸리잖아. 역시 약을 할머니께서 주셨어. 생강 끓인 물을 주셨지. 약이라는 것이 대부분 식물이 지닌 약리성분을 순수하게 분리 · 추출하거나 합성한 것이라는 사실은 나중에 알았지. 하지만 식물이 약이고, 약이 식물이라는 생각은 그때 자리 잡았어. 실제로 오늘날 사용하는 의약품 중에 4분의 1 정도는 식물에서 얻고 있어.

식물이 이처럼 의 · 식 · 주를 비롯한 우리 삶의 전반과 깊은 관계를 맺고 있음을 어릴 때부터 체험한 것이 내게는 무척 고마운 일이야. 머리뿐만 아니라 가슴으로도 배운 것이니 말이야. '동물(소, 닭, 돼지…)은 없어도 어찌어찌 살아가겠지만 식물이 없으면 못 살겠구나…' 하는 생각마저 들더라고. 식물은 인간에게 더없이 소중한 존재인 것이지.

하루 3분만 바라본다면

자, 이제 다시 우리 친구들의 현실로 돌아와야겠네. "나도 식물과 친해지고 싶어요. 하지만 시골 외가가 없어요. 지리산, 설악산, 한라산, 속리산, 내장산, 덕유산, 태백산, 소백산, 오대산, 치악산… 모두 너무 멀어요"라고 말할 수 있을 거야.

그런데 시골 외가나 국립공원 수준의 장소에만 식물이 있는 것은 아니야. 역시 다가섬의 문제인데, 꼭 멀리까지 찾아가는 것만이 다가섬이라고 생각할 필요는 없어. 더군다나 식물분류학자를 진로로 꿈꾸는 것이 아니라면 집 근처나 학교 화단에서 피어난 들꽃과 나무 몇그루만으로도 생명감수성을 보듬기에 충분해.

날마다 가는 학교를 생각해 볼까? 초등학교 6년, 중학교와 고등학교를 각각 3년씩 다니는 동안 학교 화단에 어떤 꽃이 피고 지는지 궁금해 본 적 있니? 그리로 다가서 본 적은 있어? 더군다나 나무는 오래 전부터 내내 같은 자리를 지키고 있었을 텐데, 그 앞까지 가까이 가 본 적은? 아마도 대부분은 그냥 지나치는 경우가 많았을 거야.

다시 말하지만, 곁에 있어도 다가서지 않으면 없는 것과 같아. 오늘부터라도 교정 화단에 돋아난 들꽃에, 교정에 둘러선 나무에 다가서 보자. 들꽃 바로 앞에, 나무 바로 앞에 서야 뭔가를 느낄 수 있어서 그래. 다가서면 그 작은 들꽃의 아름다움에 푹 빠지게 될 거야. 놀라울 것이며, 놀랄 거야. 그리고 그렇게 조금씩 생명의 아름다움에, 생명의 소중함에 눈을 뜨게 될 것이고.

이때 '눈 뜬다'는 것이 중요해. 보이는 것이 하나 둘 늘어날 거란 의미야. 식물이 이끄는 대로 끌려가도 좋아. 그러다 보면 식물의 잎이 종류마다 다르다는 것을 알게 될 거야. 생김새뿐만 아니라 빛깔과 잎맥 또한 서로 많이 다르다는 것을 알게 될 거고, 꽃 또한 꽃마다 다르다는 것도 알게 되겠지.

무엇보다 중요한 것이 있어. 어떤 생김새든, 어떤 빛깔이든, 어떤 크기이든, 모두 아름답다는 것을 알게 될 거야. 다가서니까 아름다운 모습이 보이고, 아름다운 색깔이 보이는 것이지. 그 아름다움을 그림으로 표현하고 싶은 마음이 들 수도 있고, 글로 표현하고 싶은 생각이 들 수도 있을 거야. 뭐라도 좋아. 저들의 아름다움에 빠져 한걸음 더 들어가 저들이 어떻게 삶을 헤쳐 나가는지까지 알게 되면 저들을 사랑하지 않을 수 없으며, 생명이 얼마나 소중한지도, 그리고 나 역시 얼마나 소중한 존재인지도 느낄 수 있을 거야.

당장 많은 시간을 내라는 것은 아니야. 교정의 들꽃과 나무에 다가서기는 하루의 시간 중에 단 3분이면 충분해. 그러니 우리 저들 바로 앞까지 다가가 보자. 그래야 풀과 나무가 보일 테니까. 풀과 나무가 보이기 시작하면 다른 생명도 하나씩 보이기 시작할 거야. 그렇게 식물이 스스로 자라듯 생명감수성도 키우면 돼. 식물은 언제나 우리 곁에 가까이 있어. 그저 마음이 멀 뿐이야.

미생물에 다가서려면

생명 중에는 우리 눈에 보이지 않는 것들도 있어. 머리로는 생명인 걸 알면서도 여전히 "보이지도 않는 것을 생명이라고 할 수 있나?" 하는 생각이 고개를 들기도 하지. 그렇다면 "생명은 무엇인가?" 하는 질문으로 다시 돌아가 보자.

"생명은 무엇인가?"라는 물음은 생명을 어떻게 정의할 것이냐의 문제야. 오랜 시간 실로 수많은 사람이 수많은 말을 했어. 하지만 아쉽게도 아직 누구나 수긍할 만한 정의를 찾지 못하고 있지. 그건 생명이 간단하지 않기 때문이야. 그렇다 보니 앞서 언급한 것처럼 생명을 가진 생명체는 이런저런 특징이 있다는 식의 설명을 구구절절하게 늘어놓을 수밖에 없었던 거야. "세포로 이루어져 있다. 화학반응이 쉬지 않고 일어난다. 크기든 부피든 둘 다든 생장한다. 자신과 똑같거나 닮은 자손을 만든다. 자극에 가만히 있지 않고 반응한다. 환경 변화에 적응한다. 진화한다…" 등등, 이런 특징을 모두 가지고 있다면 생명체로 본다는 것이지.

그런데 이러한 특징을 빠짐없이 가지고 있지만 너무 작아서 인간의 눈으로는 구분할 수 없는 친구들이 있어. 눈에 보이는 것만 생명으로 인정한다거나, 눈에 보이지 않으면 생명이 아니라고 정한 바는 없잖아. 따라서 이들도 분명 생명체인 것이지. 그저 작을 뿐이야. 작은 생물, 미생물이라 불러. 그리고 미생물의 세계 또한 참으로 다양해.

보이지 않지만 분명 존재하는 생명

동물이나 식물처럼 또렷이 보이는 생명에 다가가는 것도 쉽지 않은데, 이제부턴 눈에 보이지 않는 생명에 다가감을 말하려 해. 더 어렵겠지? 맞아, 보이지 않으면 없다고 생각하는 것이 몸에 배어 있기 때문이야. 하지만 보이지 않아도 분명 존재하는 생명이 주변에 많아. 그저 보지 못했을 뿐이야.

그런 면에서 나는 운이 좋았다고 할 수 있겠네. 보이지 않는 세상을 들여다 볼 기회가 많았으니 말이야. 대학에서 생물학을 전공했기 때문에 실험·실습 시간이 많았어. 초등학교, 중학교, 고등학

교 시절에도 학교에 과학실이 있었지만 창문 너머로 얼핏 보기만
했던 터라 무척 설레더라고. 지금도 잊을 수 없는 첫 번째 실습은
현미경으로 세포를 관찰하는 시간이었어. 양파의 표피세포와 입
속 점막세포를 표본으로 식물세포와 동물세포는 무엇이 같고 무
엇이 다른지를 알아보는 수업이었지. 난생 처음으로 현미경을 통
해 눈에 보이지 않는 세상, 세포를 만난 거였어. 그동안 다른 사람
에게 말로 전해 들었던 것과 내가 직접 경험하는 것은 정말 엄청

난 차이가 있더라고.

두 번째 실습은 원생동물 관찰이었어. 그날의 놀라움은 말로 표현하기 어려울 정도야. 생명에 대한 깊은 사유를 시작하게 해 준 계기이기도 해. 실험실 건물 뒤 웅덩이에서 물을 떠와 낮에는 햇빛이 잘 드는 곳에 두고 저녁에는 인큐베이터에 두는 단순한 일을 일주일간 반복했어. 이는 미생물이 더 잘 생장할 수 있는 환경을 제공하는 과정으로, 일종의 배양이야.

스포이트로 눈곱만큼의 물을 떠서 슬라이드 글라스 위에 떨어뜨려 놓고 커버 글라스를 덮은 뒤 관찰하면 되었는데, 미동나사를 이리저리 돌리다 현미경의 초점이 맞는 순간 불현듯 나타난 모습에 숨이 뚝 멎는 줄 알았어. 감동을 넘어 충격이었거든. 아주 작은 단세포 생명체들(아메바, 연두벌레, 짚신벌레, 유글레나…)이 정신없이 움직이는 거야. 앞으로 나아갈 때, 뒤로 물러설 때, 방향을 바꿀 때 그 움직임의 바탕이 되는 섬모 하나하나의 움직임은 환상적이었고, 기다란 편모의 움직임도 예술이었어. 그저 하나의 세포로 이루어졌지만 자유자재로 움직인다는 사실에 소름이 돋을 정도였지.

또한 저들 역시 생명이라는 점에서, 간절하게 삶을 헤쳐 나가고 있다는 점에서 인간이나 동식물과 똑같이 소중한 존재라는 생각이 들었어. 바로 이어서 마치 번개가 떨어지듯 '쾅' 하며 스쳐가는 또 다른 생각이 들더라고. 순간 눈물이 핑 돌았는데, 그때 떠오른 생각이 무엇인지 알아? '하나의 세포로도 이처럼 완전한 생명인데, 나는 100조 개의 세포로 이루어진 생명'이라는 거였어. 무려 100,000,000,000,000개의 완전한 생명이 모여 이룬 것이 '나'라는 생각 말이야. 나의 의미와 가치에 대해 스스로 놀란 일종의 대사건이었지. 세상에서 부럽게 생각했던 모든 것이 한순간에 사라지는 느낌이었어. 이미 세상 모든 것을 다 가진 것만 같은 마음이 들었으니까.

그런데 문제가 하나 생겼어. 슬라이드 글라스 아래에서 빛을 제공하는 램프의 열에 의해 눈곱만큼의 물이 말라가는 중이었던 거야. 물은 점점 말라갔고, 저들의 움직임은 잠시 더 처절하게 바빠지다 마침내 멈추었어. 실험 시간도 거의 끝나 정리해야 하는데 비커에 가득히 담긴 물로 눈길이 가는 거야. 생명이 가득한 물을 싱크대에 버릴 수는 없겠더라고. 물을 떠온 곳, 웅덩이에 돌려놓아야 했어.

생명이 있음을 알면 달라지는 것들

대학원 시절 실습 조교를 할 때도 원생동물 관찰 시간이 가장 즐거웠어. 시간이 흘러 교수가 되었으나 아직 실습 조교가 없어서 직접 학생들을 지도해야 했을 때도 예전과 크게 다르지는 않았던 것 같아. 어떤 날은 학생들보다 내가 더 들떠 있기도 했을 거야. 여전히 생명을 만나는 일은 즐거웠거든. 실습 후의 처리도 대학교 1학년 때와 똑같았고 말이야. 물 한 방울도 아무 곳에나 버릴 수 없어서 어쩔 줄 모르는 삶의 모습이지. 하지만 언제나 그렇게 살 수는 없을 거야. 지금 돌아보면 늘 그렇게 살지도 못했던 것 같아. 그렇다면 어떻게 살아가는 것이 좋을까?

적어도 나는 편한 대로만 살지는 않으려 애쓰고 있어. 우선, 아는 것이 정말 중요해. 보이지 않아도, 보이지 않는 곳에도 생명이 있다는 것을 아는 것. 그리고 그 보이지 않는 생명과 다른 모든 생명이 서로 이어져 있다는 것을 아는 것. 또한 그 연결 고리의 어느 즈음에서 우리 인간도 서성이고 있다는 것을 아는 것 말이야.

'찾아가는 과학교실 프로그램'으로 15년 남짓 동안 도심에서 무척 먼 곳에 있는 작은 규모의 초등학교를 찾아다닌 적이 있어. 지역의 열악한 과학 환경을 안타깝게 여긴 동료 교수들이 마음을 모아 팀을 꾸린 것이었지. 일주일에 한 번씩 지역의 초등학교를 방문했는데 나도, 초등학교 친구들도 원생동물 관찰 시간을 가장 좋아했어. 이때 내가 가장 관심을 두고 보는 것은 무엇이었을까? 관찰 후 뒷정리하는 학생들의 모습이었지.

참 고맙게도 많을 때는 반 즈음 정도 되는 친구들이 실험이 끝난 후에 비커의 물을 어디에 버려야 할지 몰라 쩔쩔매더라고. 눈에 보이지도 않는 미생물조차 이러한 마음으로 대하는 사람이 식물과 동물과 사람에게 어떠한 마음으로 마주할까를 생각해 보면, 가슴이 따뜻해져. 이러한 마음으로 성장한 아이가 지금, 그리고 나중에 어른이 되었을 때 어떤 모습일까를 상상하기란 그리 어렵지 않으며, 나의 상상과 많이 다르지도 않을 거야.

현미경을 통해 눈에 보이지 않는 생명을 만나는 것 또한 다가섬이야. 요즘은 학교에 좋은 현미경이 많아. 생각이 비슷한 친구들끼리, 또는 선생님의 도움을 받아서 '생태 연구' 동아리나 모임을 건의해 보면 어떨까? 그러면 미생물도 얼마든지 만날 수 있는 기회가 생길 거야.

미생물에게 다가서는 또 다른 방법은 집에서 멀지 않은 곳에 있는 생태관, 과학관, 체험관, 박물관에 가 보는 거야. 미생물을 직접 만날 수 있는 좋은 여건을 갖춘 곳들이지.

그리고 아주 가깝고도 쉬운 방법은, 우리 친구들의 손에도 있어. 스마트폰 말이야. 인터넷과 유튜브에 미생물과 관련하여 눈이 휘둥그레질 만큼 귀한 영상과 다양한 자료들이 넘쳐나거든. 검색해서 보는 것도 다가섬의 한 길이야. 보면 관심이 생기고, 관심이 생기면 알아가게 되고, 알면 소중해지니까.

눈높이를 맞추면 친구가 돼

오랜 시간 물 밖에서만 물고기를 보다가 어느 날엔 물속에서 물안경을 통해 본 적이 있었어. 정말 놀랍더라. 완전히 다른 세상이었거든. 한때는 7년 남짓, 버섯 하나만 보고 다니던 시절도 있었어. 버섯을 다가섬의 대상으로 정한 뒤로 가장 먼저 한 일이 무엇인지 아니? 그래, 맞아. 버섯을 찾아 나서는 것이었어. 찾는 것 또한 다가섬의 한 조각이니까.

그런데 처음에는 버섯을 찾는 것 자체가 쉽지 않더라고. 버섯에 대해 잘 알지 못하니 그럴 수밖에. 어디서 언제 피어나는지 모르니까 엉뚱한 곳에서 헤맨 시간이 길었어. 다른 방법이 없어서 산속을 더듬듯 다니면서 여기저기를 기웃거렸지. 그러다 아주 어렵사리 버섯을 만났어. 만났으니 어찌해야 할까? 만남의 대상이 버섯이라는 생명이잖아. 내가 할 수 있는 건 그저 엎드리는 거였이. 가능한 가까이 다가가 버섯의 높이로 코가 땅에 닿을 듯 엎드려야 버섯이 제대로 보이거든. 그래야 자세히 알 수 있으니까.

땅바닥에 핀 버섯을 서서 보면 버섯의 윗부분, 갓만 보여. 갓 아래쪽이 주름살 모습인지 아니면 작은 구멍이 무수히 뚫린 모습인지 알 수 없지. 서서 보면 보이지 않는 부분이 꼭 생기는 거야. 땅바닥에 핀 버섯은 엎드려서 버섯의 높이로 보아야 위도, 옆도, 아래도 모두 자세히 볼 수 있어.

위에서 내려다보지 않고 앞에 엎드려서 볼 때 바람직한 점이 또 하나 있어. 서서 내려다보면 내가 관찰하고자 하는 버섯만 보이지 않아. 시선이 주변으로도 많이 흩어져서 이것저것 다 보이니까 무척 산만해지지. 그런데 앞에 엎드리면 내가 보고자 하는 버섯, 오직 그대만 보여. 집중하게 되니 더 자세히 볼 수밖에 없고, 더 자세히 알게 되지.

버섯을 7년 정도 만난 후로는 버섯과는 완전히 다른 느낌의 생명, 새에 푹 빠져 살고 있어. 새 하나만 바라보며 산 지 어느덧 20년의 시간이 흘렀네. 처음 새를 만났을 때가 40대 중반 즈음이었는데 그땐 새 이름을 아는 것도 몇 되지 않았어. 양손의 열 손가락을 다 꼽기도 어려울 정도였으니까. 거의 미지의 세계와 다르지 않았지. 지극히 보통 사람이 아는 수준인 채로 새의 세계에 들어선 거야. 처음 마음은 봄에서 가을까지는 버섯을 관찰하고, 새는 겨울에만 관찰하려고 했었어. 그런데 새의 세계에 발을 딛는 순간 빠져나올 수 없는 늪에 들어선 게 되어 버렸지. 그 신비로운 아름다움, 하늘을 나는 모습, 맑은 눈… 그러다 겨울만이 아니라 일 년 내내 새만 바라보는 삶으로 변하고 말았어.

버섯과의 만남을 통해 느낀 것이 있어서 새와의 만남은 나름 준비를 단단히 하고 찾아 나섰어. 공부도 하고 말이야. 그런데… 버섯은 찾는 것이 문제지 다가서는 것은 별 문제가 없었는데, 새는 시작부터 쉽지 않았어. 찾는 것도 힘들었지만, 찾았다 해도 도무지 다가설 방법이 없는 거야. 내게 누구도 해코지할 마음이 없다는 것을 새들이 알아주지 않더라고. 다가가면 멀어지고, 또다시 다가가면 다가선 만큼 멀어지거나 아예 멀리 날아가 버리고 마는 거야. 나 원 참!

그래서 차를 이용해 보았지만 결국 소용이 없었어. 느리게 일정 속도를 유지하면서 따라가면 새는 경계만 할 뿐 날아가지는 않아. 그러다 차가 멈추면 대부분 날아가. 차가 멈추는 것을 참아 주었다 해도 창문을 내리면 거의 대부분 날아가. 그것까지 거우-거우-꾹 참아 주었다 해도, 차에서 내리는 순간 모두 날아가 버리고 말지. 다가가지도 못하니 제대로 아는 것은 꿈도 꿀 수 없는 형편이었어. 그렇게 허탕을 여러 번 치고, 아무리 궁리해 보아도 길은 오직 하나, 위장뿐이었지.

처음에는 위장용 천을 뒤집어쓰고 기어서 접근했어. 그런대로 효과가 크더라고. 하지만 그 예민한 새들의 시각과 청각을 다 넘어서지 못할 뿐더러, 며칠을 견디지 못하고 온몸 여기저기가 아픈 거야. 지속성에 한계가 있었던 것이지. 하여 새들이 많이 모이는 곳에 아예 움막 하나를 지었어. 나의 첫 움막은 갈대와 억새를 비롯하여 온전히 자연에 있는 것만을 재료로 삼아 지었어. 자연의 모습을 고스란히 닮게 지은 것이라 완벽했지.

새를 온전히, 그리고 오롯이 만날 수 있었던 것은 움막 안으로 들어간 순간부터였어. 첫 움막은 섬진강 가장자리에 지었는데, 겨울 철새로 우리나라를 찾아 준 다양한 오리 종류 수백 마리가 노니는 곳이었지. 움막 안에서도 생명에 눈높이를 맞추는 마음가짐을 지켰어. 움막 바닥의 땅을 깊게 파낸 뒤 배를 대고 엎드렸지. 물이 옆구리까지 차올랐지만 물 위에 떠 있는 새와 눈높이를 맞추기 위해서는 그것 말고는 다른 방법이 없더라고. 지금도 그날의 기억이 또렷해. 무척 추운 겨울날이었거든.

그러자 어떤 일이 벌어졌는지 아니? 그렇게 다가서려고 해도 멀어지기만 했던 새들이 바로 코앞에서 날갯짓을 하고, 물을 박차며 창공으로 날아오르고, 어느 결에 다시 나타나 미끄러지듯 수면 위로 내려앉고, 서로 애무하고, 잠수 능력이 있는 새들은 물속으로 자맥질한 다음 물고기를 한 마리씩 물고 나오고, 누가 물고기를 잡으면 서로 빼앗으려 다툼이 벌어지고, 잠수할 수 없는 새들은 얕은 곳에서 꽁무니만 물 위로 내민 채로 물구나무를 서서 강바닥을 뒤져 조개 하나를 집어 올리고… 자연스럽게 행동하는 모습을 가까이서 자세히 지켜보는 것은 정말 경이로운 경험이었어. 덕분에 나는 새의 세계로 조금 더 깊이 들어갈 수 있었지.

우리 친구들도 내가 했던 것과 똑같이, 그리고 지금 내가 하고 있는 것과 똑같이 하라는 말은 아니야. 하지만 할 수 있는 만큼이라도 해 보면 어떨까 싶은 마음은 간절해. 지난해부터 몇몇 학교의 학생들과 한 달에 한 번 4시간씩 1년 동안 자연이 품은 생명을 직접 만나는 시간을 갖고 있어. 봄날의 들꽃부터 시작해서 계절을 따라 나무, 물고기, 물속 곤충, 개구리, 땅 위의 곤충, 버섯, 가을 열매, 새를 직접 만나지. 우리 곁에 분명 있지만 직접 만나기 어려운 고라니, 너구리, 삵, 수달 같은 동물은 다양한 흔적을 통해 만나고. 우리 어린 친구들이 키 작은 들꽃과 버섯을 볼 때 어떤 자세로 관찰하는지 알아? 모두 바닥에 엎드려. 나는 이렇게 한다고 설명은 했지만 이렇게 하라고 말한 적은 없거든. 그럼에도 친구들이 그렇게 하는 거야. 아마도 '눈높이를 맞춰야 친구가 된다'는 것을 자연스럽게 알게 되었기 때문일 거야.

직접 엎드리는 삶에 조금 익숙해지면, 그 다음으로 하나 더 권하고 싶은 것이 있어. 물리적으로만 눈높이를 맞추지 말고 진정 그 대상이 되어 보자는 거지. 들꽃이 되고, 나무가 되고, 물고기가 되고, 새가 될 수는 없겠지만, 그 입장이 되어 보자는 거야. 그 중 하나로 '나무 되어 보기 시간'이 있어. 집 주변에 나무가 있지? 학교에도 있고 말이야. 만약 역사가 오래된 학교라면 학교의 나이만큼, 또는 더 나이 든 나무가 있을 거야. 수십 년도 넘어 수백 년 된 나무가 있을지도 모르겠네. 그 말은 수십 년, 수백 년, 그 자리를

지켰다는 뜻이잖아. 단 10분만이라도 나무 옆에 서서 움직이지 말고 나무가 되어 보는 거야. 10분이 막상 해 보면 꽤 긴 시간이어서 '10분 나무 되어 보기'가 쉽지 않아. 이 경험은 매우 놀라운데, 이렇게 나무 옆에서 잠시라도 나무가 되어 본 친구는 나무를 함부로 대하지 않게 돼.

자연이 품은 뭇 생명에 눈높이를 맞추는 것은 무척 중요하다고 생각해. 이때 눈높이를 맞춘다는 것은 물리적인 측면만을 말하는 게 아니야. 눈높이를 맞추는 것의 진정한 속뜻은 '내가 진정으로 너가 되어 보려는 마음'이야. 아주 짧은 시간이라도 움직이지 못하는 생명의 입장이 되어 보는 마음이 소중하다는 거야. 들꽃과 나무와 버섯으로부터 시작해서 모든 생명으로 그 마음이 번지면 좋겠어. 시작하기만 한다면 번지는 것은 그리 어렵지 않을 거야. 시간도 많이 걸리지 않을 테고.

어때? 한번 해 볼래? 10분 나무 되어 보기!

오래 보아야 제대로 알 수 있어

어떤 생명이라도 자세히 보는 삶을 살려고 애써 왔어. 그리고 지금도 다르지 않아. 자세히 보기 위해 저들에 다가섰고, 눈높이를 맞췄다고 했지? 여기에 보태야 할 것이 더 있어. 오래도록 지켜보는 것이야.

'오래'는 일상에서 자주 쓰는 낱말이야. 그런데 얼마만큼이 오래일까 생각해 본 적 있니? 나는 궁금해서 국어사전을 찾아보았어. 뜻풀이가 간결하더라고. 꾸미는 설명이 조금 더 있었으나 오래의 뜻은 결국 '길게'였어. 다음에는 무엇을 찾아보았겠어? 그렇지. 길게가 무엇인지 궁금하기에 또 찾아봤지. 그랬더니 길게는 '오래'라고 답해 주네. '오래'는 '길게'고, '길게'는 '오래'라…. 할 수 없이 스스로 정의하기로 했어. 내게 '오래'는 '처음부터 끝까지!'라고.

새를 온전히 그리고 오롯이 만날 수 있었던 것은 움막을 짓고 그 안으로 들어간 순간부터였다고 말했던 것 기억하지? 그런데 새의 생김새와 일반적인 습성을 관찰하는 것은 사실 내내 지켜볼 필요까지는 없어. 또한 하루나 이틀 관찰을 쉰다고 해서 특별히 문제될 것도 없고. 즉, 어마어마한 인내심까지 필요한 것은 아니라는 뜻이야.

하지만 새의 번식 과정을 지켜보는 것은 상황이 많이 달라. 적어도 몇 개월 동안 둥지에서 눈을 뗄 수 없는 일정이거든. 언제 어떤 일이 벌어질지 모르니까 내내 지켜볼 수밖에 없어. 중간에 관찰이 끊어지면 그 사이에 있었던 일을 상상으로 이어붙일 수밖에 없는 노릇이니 말이야.

내가 쓴 처음 책《큰오색딱따구리의 육아일기》는 큰오색딱따구리 한 쌍이 나무를 파내 집을 짓고, 알을 낳아 품고, 어린 새를 키워 독립시키기까지 50일을 지켜본 관찰 일기야. 두 번째 책《동고비와 함께한 80일》은 제목이 말해 주는 것처럼 80일의 관찰 일기지만, 더 확인할 내용이 있어서 다음 해에 80일 정도를 다시 관찰하고 나서 펴낸 책이야. 처음 80일 동안엔 학교를 휴직하고서 한순간도 거르지 않고 오직 동고비만 관찰했어. 다음 해의 80일 동안은 복직한 상태였기 때문에 내내 지켜보지는 못했지. 세 번째 책 《까막딱따구리 숲》은 2년에 걸친 관찰 일기인데, 그중 움막을 떠나지 않고 지킨 기간은 까막딱따구리가 둥지를 짓고, 알을 낳아 품고, 어린 새를 키우고, 독립시키는 일정의 처음부터 끝까지인 6개월이었는데, 어쩔 수 없이 또 휴직을 해야 했어.

새의 번식 과정을 지켜본다는 것은 이런 생활을 해야 가능한 거야. 우선 둥지를 찾아 나서야 해. 새가 둥지를 짓는 처음 순간을 만나는 것은 쉬운 일이 아니지. 새들이 올해는 여기서 새끼를 키워 낼 것이라고 광고를 하지 않기 때문이야. 새들은 둥지를 은밀한 곳에 은밀히 짓거든. 이렇게 둥지를 찾은 후에는 새들의 둥지 앞에 나도 둥지를 지어. 저들의 일상을 하나도 빠짐없이 지켜볼 움막을 짓는 거지. 물론 움막의 위치는 저들의 동선을 잘 살핀 뒤에 간섭이 가장 적은 곳으로 정하고 말이야.

관찰은 새벽 4시부터 시작해. 당연히 그 전에 일어나 준비해야 하지. 번식이 이뤄지는 4월 즈음의 새벽 4시는 암흑이야. 보이는 것이 거의 없어. 그런데 왜 새벽 4시부터 시작하냐고? 번식 일정을 지켜보는 것은 결국 남의 사생활을 엿보는 것이니까 예의를 지켜야 한다고 생각하기 때문이지. 그러니 아무것도 보이지 않는 시간에 나도 어두움이 되어 조용히 움막에 들어서는 거야. 한편으론 그 어느 것도 놓치고 싶지 않아서이기도 해. 저들과 내가 맞이할 하루가 어떤 모습으로 시작되는지부터가 궁금하니까. 밤 10시까지 지켜보는 것이 기본이며, 필요하면 밤도 새워. 밤을 새울 때조차 역시 다음 날 밤 10시까지 관찰은 이어지고. 하루에 18시간씩 나무 하나만 바라보는 생활이 이어지는 거야. 그렇게 50일, 80일, 180일을 지내는 거지.

이런 삶을 이야기하면 사람들이 내게 물어. "어떻게 혼자 숲에서 움막 하나 짓고서 그 안에 들어가 딱따구리 둥지만 보고 살 수가 있나요? 심심하지 않나요? 외롭지 않나요? 무섭지 않나요? 하루 이틀도 아니고 서너 달을 어찌 그렇게 살 수가 있나요?"

내 대답은, 전혀 심심하지 않다는 거야. 정확히 말하면 심심할 틈이 없어. 심심함은 기다림에서 비롯하는데 나의 기다림은 곧 만남이니 아무리 긴 기다림도 행복하기만 하지. 외롭지 않아. 외로울 틈이 없어. 숲에 있는 모든 것이 내 친구이기 때문이야. 무서운 것도 없어. 무서울 틈이 없지. 들리는 모든 소리가 자연의 소리이고, 어두움도 자연의 일부니까. 오랜 시간을 어찌 그렇게 살 수 있냐고 묻기도 하는데, 몇 달도 하루가 여러 번 쌓인 거잖아. 하루하루가 행복하면 몇 달이든 몇 년이든 문제될 게 없어. 행복하기만 한걸.

우리 친구들의 현실과 너무 멀다고 할 수 있겠네. 하지만 중요한 것이 있어. 천리길도 한 걸음부터라는 거야. 1초가 모여 1분, 1분이 모여 1시간, 1시간이 모여 하루, 하루가 모여 한 달, 한 달이 모여 일 년이 되는 거잖아. 내가 초등학생들과 자연의 생명을 직접 만나는 시간을 갖고 있다고 말했던 것 기억하지? 그 친구들과 글과 그림으로 만남의 느낌을 기록으로 남기는 활동까지 하고 있어. 학생 중에 별명이 '5초'인 친구가 있었는데, 5초 이상 같은 것을 하지 못할 만큼 산만했던 학생이야. 그런데 지금은 40분 내내 자연의 생명을 그리는 데 집중하는 친구로 바뀌었어. 쉬는 시간에 잠시 쉬었다 하자고 해도 쉬지를 않아. 식물이든 동물이든 자연이 품은 생명을 오래 바라보다 보니 그 아름다움에 빠져 버린 거지.

'오래'는 지속성도 포함해. 한두 번으로 끝나는 것이 아니라 긴 호흡으로 이어가는 것을 뜻해. 추천하고 싶은 방법이 있어. 학교 화단에 돋아난 풀꽃 중에 한두 개를 정해서 날마다 3분씩 지켜보는 거야. 그러면 매일 무엇이라도 조금씩 변화한다는 것을 알아차릴 수 있어. 아주 작은 차이지만 분명히 느낄 수 있는 차이를 발견하게 될 거야. 그 작은 차이가 조금씩 궁금해질 거고, 그 작은 차이에 감동하는 날도 있을 거야. 그 작은 차이가 기다려지는 시간도 올 거고. 그게 '오래'야. 생명감수성은 그렇게 싹트고 자리 잡아 커 가는 것이라 생각해. 꼭 학교로 장소를 정하지 않아도 돼. 집에서 식물을 키우며 날마다 일정 시간 동안 지속적으로 지켜보는 것도 꽤 좋은 방법이야.

기회가 된다면 동물을 직접 키워 보는 것도 생명감수성을 다지는 좋은 길이기는 해. 귀엽고 아름답고 신기한 동물의 모습을 코앞에서 만날 수 있고 변화의 과정도 알 수 있기 때문이지. 물론 생명을 책임져야 하는 것이니까 신중히 결정해야 해. 집에서나 학교에서 키우기로 결정되었다면 동물 사육 키트를 구입해서 키우는 방법이 있어. 키트는 곤충(나비, 딱정벌레…)을 비롯한 무척추동물에서 어류, 양서류, 파충류, 조류, 포유류에 이르는 척추동물까지 분류군별로 엄청 다양해. 혼자가 어려우면 선생님께 도움을 청할 수 있고, 뜻이 맞는 친구들과 함께하는 방법도 있겠지.

어떤 경우든 중요한 사실은 생명을 생각으로만 키울 수 없다는 거야. 역할 분담, 숫자가 늘어났을 때의 대책, 지속 가능성의 여부 등을 포함하여 모든 계획을 구체적으로 촘촘하게 세워야 해. 그리고 더 중요한 것이 있어. 끝까지 함께하겠다는 다짐이 필요하고, 그 다짐을 지켜내는 행동이 필요해. 그럴 자신이 없다면 생명을 키우는 건 시작하지 않는 것이 좋아.

생각의 끝은
언제나
나를 향하고

우리 곁에는 수많은 생명이 있어. 그럼에도 우리의 삶은 저들 생명에게 눈길 한 번을 주지 않거나 주더라도 대충 보며 살기 쉽지. 바쁘다는 이유로 말이야. 또는 자연을 나의 필요에 따라서 활용할 수 있는 자원으로만 보기 때문이기도 하고.

모든 생명을 그 자체로 존중하는 생명감수성은 조금만 관심을 기울이고 노력하면 누구나 키울 수 있는 감수성이야. 생명감수성이 크려면 다양한 생명들을 자세히 바라보는 것이 필요해. 자세히 보아야 제대로 알 수 있고, 그래야 사랑하는 마음도 생기니까. 무엇을 제대로 알아가기 위해서는 다가섬과 눈높이 맞춤, 그리고 오래도록 지켜보는 과정이 필요하다고 말했잖아. 여기에 보탤 것이 몇 가지 더 있는데, '생각하며 지켜보는 것'이야. 이것은 '왜?'와 '어떻게?'를 물으며 지켜보는 과정이기도 해.

돌이켜 보면 딱따구리의 번식 과정에 동행했던 시간이 무엇을 곰곰이 생각하며 지켜본 첫 경험이었던 것 같아. 딱따구리의 번식 과정을 살펴보는 것은 들꽃이나 버섯처럼 주로 생명체의 생김새에 관심을 두는 관찰과는 좀 다르더라고. 훨씬 더 복잡할 뿐만 아니라, 어떤 행동을 왜 하는지 이유를 알 수 없는 상황이 거의 날마다 이어졌기 때문에 '왜 이럴까?', '왜 저럴까?' 하는 궁금증이 꼬리에 꼬리를 물 수밖에 없었어. 모르니까 답답했고.

그런데 놀라운 것은 그 답답함이 나를 저들의 세계로 더 깊이 이끄는 힘이 되었다는 거야. "저렇게 단단한 나무를 쉬지 않고 쪼아대는데 머리는 괜찮을까?" "괜찮으니까 파겠지?" 매일매일 궁금한 것이 한두 가지가 아니었어. 가장 궁금했던 건 "숲에 수많은 나무가 있는데 왜 이 나무에 집을 짓는 걸까?", "입구는 왜 저쪽일까?" 하는 것이었지. "그냥 한 나무에 둥지를 지은 것인데 그게 우연히 이 나무인 걸까?" "아무렇게나 입구의 방향을 정했는데

저렇게 단단한 나무를 쉬지 않고 쪼아대는데 머리는 온전할까?

입구는 왜 저쪽일까?

둥지는 생명 탄생의 출발인데 아무렇게나 지을까?

모든 것이 본능일까?

그게 저 방향이 된 걸까?" "아니야, 그럴 리가 없어. 둥지는 생명 탄생의 출발인데 설마 아무렇게나 지었겠어?" "꼭 저 나무가 아니면 안 되었던 이유가 있는 걸까?" "꼭 저 방향이어야 하는 이유가 있는 건 아닐까?" "이것저것을 생각해서 결정할 만큼 저들이 과연 똑똑할까?" "아니면, 모든 것이 본능일까?" 온통 모르겠는 것 투성이더라고.

🐾 생명감수성을 키우고 싶다면…

그 많은 궁금증을 해결할 방법은 오직 하나뿐이었어. 숲이란 숲, 산이란 산은 다 더듬고 다니면서 딱따구리의 둥지를 찾는 것이었지. 둥지를 품은 나무를 만나면 나무의 종류, 줄기와 가지가 뻗은 모양, 둥지의 높이, 둥지 입구의 방향을 꼼꼼히 살폈어. 그렇게 몇 년을 나무에 뚫린 딱따구리 둥지만 찾아 만나 살펴보았더니 자료가 제법 쌓이면서 딱따구리의 둥지 습성에 대하여 조금 알게 되더라고. 역시 자연에는 '아무렇게나'라는 단어는 없었어. 딱따구리가 둥지 나무와 입구의 방향을 정하는 데에는 분명한 기준과 우선순위가 있더라고. 이제는 처음 들어서는 숲에서조차 저 나무에 저 방향으로 딱따구리 둥지가 있겠다 싶어서 살펴보면, 제법 맞추는 편이야.

생명의 가치를 존중하는 감수성을 지니기 위해 한 발 더 생명들에게 다가가면 좋은 것이 하나 있어. 나는 이것을 정말 중요하게 여기는데, 모든 생각의 끝은 언제나 나 자신을 돌아보는 것으로 이어진다는 거야. "식물은, 동물은, 미생물은 저렇게 살아가는데 나는?" "저들은 저토록 간절히 살아가는데 나는?" "저들은 저렇게 삶을 헤쳐 나가는데 나는?" 하며 나를 돌아보는 거지.

나 자신을 돌아보는 삶을 산다는 것은 결국 자신과 끊임없이 대

화하는 것과 같아. 그리고 자신과의 대화가 가능할 때 다른 생명
과의 소통의 길 또한 열리지 않을까 싶어.

결국엔 사랑이야

오래 전 이야기야. 버섯의 세계에 제대로 발을 들이기로 마음을 정하고 산에 들어선 첫날이었어. 그날은 1학기의 모든 일정이 끝나 방학이 시작된 날이기도 했지. 숲에 들어선 것은 동트기 전, 어두움이 채 가시지 않은 정말 이른 시간이었던 것으로 기억해.

하루 종일 산에 머물다가 어두워지면 내려올 계획이었어. 그런데 몇 시간을 견디지 못하고 도망치듯 산을 내려와야 했지. 아직 길이 없는 산에서 길을 만들며 다니는 것이라서 청미래덩굴, 청가시덩굴, 산초나무, 초피나무의 가시에 긁히는 정도야 각오했었거든. 그런데 가시는 상대도 되지 않는 엄청난 녀석이 버티고 있을 줄은 몰랐던 거야. 낮에도 활동하는 흰줄숲모기의 공격은 상상을 뛰어넘었어. 노출된 얼굴은 금세 울퉁불퉁한 비포장도로가 되고 말았지. 게다가 숫자가 쑥쑥 늘며 장갑의 올 사이마저 비집고 들어와 찔러대는 데에는 도저히 버틸 수가 없겠더라고.

다음 날부터는 할 수 없이 눈만 나오는 겨울 털모자를 뒤집어쓰고 완전 겨울 복장으로 산에 올랐어. 날이 점점 더워져서 여름 한가운데를 지날 때는 땀으로 샤워하는 것은 말할 것도 없고, 이러다 정말 죽겠구나 싶은 생각이 들었지만 그렇다고 관찰을 멈출 수는 없었지. 그렇게 7년 정도를 이어 갔어. 왜 이렇게까지 했냐고? 대답은 하나야. 좋아하니까.

최근 20년은 새만 관찰하며 살아가고 있어. 나의 달력은 무척 단출해. 3월에서 7월까지는 딱따구리를 만나. 번식 과정에 동행하는 시간이지. 8월과 9월 두 달은 쉬어. 새를 만나기 어려운 시기거든. 글쓰기에 집중하는 시간이야. 10월부터 다음 해 2월까지는 두루미를 만나.

딱따구리의 번식 일정에 함께할 때의 어려움은 버섯을 만날 때와 같아. 두루미의 계절엔 다행히 모기가 없어서 고마운데, 그 대신 추워서 힘들어. 손발이 잘려 나가는 듯한 추위를 넘어서야 할

때가 많거든. 게다가 최근 5년 정도는 두루미가 자는 모습이 궁금
해서 밤낮을 바꿔 생활하다 보니 추위가 더욱 힘겨운 것이 사실이
야. 왜 이렇게까지 하냐고? 역시 대답은 같아. 좋아하니까. 그리고
사랑하니까. 심지어 어두운 밤, 제대로 보이지 않는 모습까지도

말이야.

어느덧 우리의 이야기가 끝자락에 이르렀어. 혼자 말하는 것이 아니라, 우리 친구들이 눈앞에 있다고 생각하며 이야기했는데 그렇게 느꼈는지 모르겠네. 생명감수성은 무엇인지부터 시작해서 생명감수성은 왜 필요한지를 지나 생명감수성은 어떻게 키우면 좋을지에 대한 내 마음을 전했어. 그럼, 하나 물어볼게. 이 책의 제목이기도 한데, "생명감수성, 쫌 알겠니?"

내가 우리 친구들에게 방금 "마음을 전했다" 했고, "알겠니?"라고 물었어. 그런데 이 두 가지는 사실 충돌해. 생명을 어떻게 받아들이고 느끼느냐 하는 건 정보나 지식과는 다른 '마음'의 문제거든. 그렇다 보니 그동안 내가 생명을 어떻게 느끼며, 생명을 어떻게 받아들였는지에 대해 이야기를 들려줄 수밖에 없었어. 가르치려 애쓰는 것보다 그런 방법이 생명감수성을 이해하는 데 더 도움이 될 거라고 믿으니까 말이야.

"생명감수성을 어떻게 키우면 좋을까?" 하는 물음에 대해 마지막으로 어떤 이야기를 들려주면 좋을까 참 많이 고민했어. 생각하고, 또 생각하고, 또 생각해 보았지. 그러다 마침내 하나에 이르렀어. 결국 가장 필요한 것은 '사랑'이라고. 생명을 사랑하는 마음을 키우는 것이 생명감수성을 키우는 가장 바람직한 길이라고 생각해. 우리의 몸은 밥을 잘 먹고 잘 자면 건강하게 자라지만, 마음은 스스로 자라지 않아. 굳은 땅을 헤치고 새싹이 돋듯, 정성을 기울여 키워야 자라.

자, 그럼 사랑을 어디서부터 시작하면 좋을까? 그래, '생명 사랑'의 시작은 '나'로부터 시작하면 좋겠어. 우리 친구들 하나하나가 얼마나 소중한 존재인지 잘 알고 있지? 그 생각을 가슴에 잘 담고 있다가 이웃에게도 전해 주면 좋겠어. 그러면 내가 소중하듯 나의 이웃도 똑같이 소중하다는 생각이 세상으로 점점 번져 갈 거야.

나의 이웃은 누굴까? 그래, 실제로 이웃에 사는 다른 사람들이지. 하지만 자연이 품은 동물, 자연에 깃들인 식물, 보이지 않는 미생물도 나의 이웃이야. 크든 작든, 보이든 보이지 않든, 움직일 수 있든 없든 생명을 가진 존재라면 그 누구도, 그 무엇도 차별하지 않으면 좋겠어. 작다고 해서 하찮게 여기지 말고, 보이지 않는다고 해서 없다고 여기지 말고, 움직일 수 없다고 해서 함부로 대하지 말자는 뜻이기도 해.

생명을 품은 모든 존재를 사랑하는 마음을 지닌다면 세상은 분명 더 아름다운 모습이 될 거야. 우리 친구들 한 명, 한 명이 그 변화의 주인공으로 우뚝 서길 바라.

모든 생명들아, 고맙고 사랑해!

사회 쫌 아는 십대 19

생명감수성 쫌 아는 10대

초판 1쇄 발행 2023년 12월 15일
초판 2쇄 발행 2024년 5월 24일

지은이 김성호
그린이 서와

펴낸이 홍석
이사 홍성우
인문편집부장 박월
편집 박주혜·조준태
디자인 신병근·선주리
마케팅 이송희·김민경
제작 홍보람
관리 최우리·정원경·조영행

펴낸곳 도서출판 풀빛
등록 1979년 3월 6일 제2021-000055호
주소 07547 서울시 강서구 양천로 583, 우림블루나인 A동 21층 2110호
전화 02-363-5995(영업), 02-364-0844(편집)
팩스 070-4275-0445
홈페이지 www.pulbit.co.kr
전자우편 inmun@pulbit.co.kr

ISBN 979-11-6172-899-5 44300
      979-11-6172-731-8(세트)